LEMAIRE 1964

Rencesval.

Édition critique du texte d'Oxford

de la

Chanson de Roland

par

Édouard Bœhmer.

Halle 1872.

Lippert'sche Buchhandlung.
(Max Niemeyer).

Rencesval.

Edition critique du texte d'Oxford

de la

Chanson de Roland

par

Édouard Bœhmer.

Halle 1872.

Lippert'sche Buchhandlung

(Max Niemeyer).

Charles li reis, nostre emperere magnes, 1
set ans tuts pleins at estet en Espaigne;
tresqu' en la mer cunquist la terre altaigne,
n'i at chastel qui devant lui remaignet,
5 murs ne citets n'i est remes a fraindre,
fors Saragusse qui est en la muntaigne.
Li reis Marsilies la tient, qui Deu nen aimet,
Mahumet sert e Apolin reclaimet;
ne s' poet guarder que mals ne li ataignet.
10 Li reis Marsilies esteit en Saragusse. 2
Alets en est en un vergier suz l'umbre,
sur un perrun de marbre bloi se culchet,
envirun lui plus de vint milie humes.
Il en apelet e ses ducs e ses cuntes:
15 „Oez, seignur, quels pechiets nus encumbret.
Li emperere Charles de France dulce
en cest païs nus est venuts cunfundre.
Jo nen ai host qui bataille li dunget,
nen ai tel gent qui la sue derumpet.
20 Cunseillez mei cume mi saive hume,
si m' guarissez e de mort e de hunte."
N'i at paien qui un sul mot respundet,
fors Blancandrin de chastel de Val Funde.
Blancandrins fut des plus saives paiens, 3
25 de vasselage fut asez chevaliers,
prusdumes out pur sun seignur aidier.
E dist a l' rei: „Or ne vus esmaiez!
Mandez Charlun, a l' orguillus e l' fier,
fedeils services e mult grands amistiets;

30 vus li durrez   urs e leuns e chiens,
   set cents chameils   e mil osturs muiers,
   d'or e d'argent   quatre cents muls chargiets,
   cinquante charres   qu'en ferat charrïer.
   Bien en porrat   luer ses soldeïers;
35 en ceste terre   at asez hosteïet,
   en France ad Ais   s'en deit bien repairier.
   Vus le siurez   a la feste Michiel,
   si recevrez   la lei de Chrestïens,
   serez sis hoem   par honur e par bien.
40 Se 'n voelt ostages,   e vus li'n enveïez,
   o dis o vint,   pur lui afiancier;
   enveiums i   les fils de noz muilliers,
   par num d'ocire   enveierai le mien.
   Asez est miels   qu'il i perdent les chiefs,
45 que nus perdums   l'honur ne la deintiet,
   ne nus seiums   cunduit a mendeïer."
      Dist Blancandrins: „Par ceste meie destre   4
   e par la barbe   qui al piz me ventelet,
   l'host des Franceis   verrez sempres desfaire;
50 Franc s'en irunt   en France la lur terre.
   Quand chascuns iert   a sun meillur repaire,
   Charles serat   ad Ais a sa chapele,
   a saint Michiel   tendrat mult halte feste.
   Vendrat li jurs,   si passerat li termes,
55 n'orrat de nus   paroles ne noveles.
   Li reis est fiers,   e sis corages pesmes,
   de noz ostages   ferat trenchier les testes;
   asez est miels   que cil la vie perdent,
   que nus perdums   clere Espaigne la bele,
60 ne nus aiums   les mals ne les sufraites."
   Dient paien: „Issi poet-il bien estre."
      Li reis Marsilies   out sun cunseill finet,   5
   si'n apelat   Clarin de Balaguer,
   Estamarin   e Eudropin sun per
65 e Priamun   e Guarlan le barbet
   e Machiner   e sun uncle Maheu

  e Jouner e Malbien d'ultre mer
  e Blancandrin, pur la raisun cunter;
  des plus feluns dis en at apelets.
70 „Seignur barun, a Charlemagne irez;
  il est a l' siege a Cordres la citet.
  Branches d'olive en voz mains porterez,
  ço senefiet pais e humilitet.
  Par voz saveirs se m' poez acorder,
75 jo vus durrai or e argent asez,
  terres e fieuds tant cum vus en voldrez."
  Dient paien: „De ço avums asez."
  Li reis Marsilies out finet sun cunseill, 6
  dist a ses humes: „Seignur, vus en ireis;
80 branches d'olive en voz mains portereis,
  si me direz a Charlemagne l' rei
  pur le soen Deu qu'il ait mercid de mei;
  ainz ne verrat passer cest premier meis
  que je l' siurai od mil de mes fedeils,
85 si recevrai la chrestiene lei,
  serai sis hoem par amur e par feid.
  S'il voelt ostages, il en avrat par veir."
  Dist Blancandrins: „Mult bon plait en avreis."
  Dis blanches mules fist amener Marsilies, 7
90 que li tramist li reis de Suatilie;
  li frein sunt d'or, les seles d'argent mises.
  Cil sunt muntet qui le message firent,
  enz en lur mains portent branches d'olive.
  Vindrent a Charle qui France at en baillie,
95 ne s' poet guarder que alques ne l' engignent.
  Li emperere se fait e bald e liet,
  Cordres at prise e les murs peceiets,
  od ses cadables les turs en at buitiet.
  Mult grand eschec en unt si chevalier
100 d'or e d'argent e de guarnements chiers.
  En la citet nen at remes paien
  ne seit ocis o devints Chrestīens.
  Li emperere est en un grand vergier,
              1*

```
         ensembl' od lui      Rolands e Oliviers,
     105 Samsuns li dux       e Anseis li fiers,
         Gefreids d'Anjou     li reis gunfanuniers,
         e si i furent        e Gerins e Geriers;
         là u cist furent,    des altres i out bien,
         de dulce France      i at quinze miliers.
     110 Sur palies blancs    siedent cil chevalier,
         as tables juent      pur els esbaneïer,
         e as eschecs         li plus saive e li vieill,
         e escremissent       cil bachelier legier.
         Desuz un pin,        delez un eglentier,
     115 un faldestoed        i out fait tut d'or mier,
         là siet li reis      qui dulce France tient;
         blanche at la barbe  et tut flurit le chief,
         gent at le cors,     le cuntenant at fier;
         s'est qui l' demandet, ne l' estoet enseignier.
     120 E li message         descendirent a pied,
         si l' saluerent      par amur e par bien.
            Blancandrins at   tut premerains parlet,         9
         e dist a l' rei:     „Salvets seiez de Deu,
         le glurius,          que devez aurer!
     125 Iço vus mandet       reis Marsilies li ber:
         enquis at mult       la lei de salvetet;
         de sun aveir         vus voelt asez duner,
         urs e leuns          e veltres chaeinets,
         set cents chameils   e mil osturs muets,
     130 d'or e d'argent      quatre cents muls trossets,
         cinquante charres    qu'en charrier ferez;
         tant i avrat         de besants esmerets
         dunt bien porrez     voz soldeiers luer;
         en cest païs         avez estet asez,
     135 en France ad Ais     devez bien repairer;
         là vus siurat,       ço dit mis avoets."
         Li emperere          tent ses mains envers Deu,
         baisset sun chief,   cumencet a penser.
            Li emperere       en tint sun chief enclin,     10
     140 de sa parole         ne fut mie hastifs,
```

sa custume est   qu'il parolt a leisir.
Quand se redrecet,   mult par out fier le vis,
dist as messages: „Vus avez mult bien dit.
Li reis Marsilies   est mult mis enemis.
145 De cets paroles   que vus avez ci dit
en quel mesure   en porrai estre fids?"
„Voelt par ostages,"   ço dist li Sarazins,
„dunt vus avrez   o dis o quinze o vint.
Par num d' ocire   i metrai un mien fils,
150 e si'n avrez,   ço cuid, des plus gentils.
Quand vus serez   el' palais seignuril
a la grand feste   saint Michiel de l' peril,
mis avoets   là vus siurat, ço dit;
enz en voz bains   que Deus pur vus i fist,
155 là voldrat-il   Chrestiens devenir."
Charles respunt: „Uncor porrat guarir."
   Bels fut li vespres   e li soleils fut clers.   11
Les dis mulets   fait Charles establer.
El' grand vergier   fait li reis tendre un tref,
160 les dis messages   at fait enz hosteler;
duze serjant   les unt bien cunreets.
La nuit demurent   tresque vint a l' jur cler.
Li emperere   est par matin levets;
messe et matines   at li reis escultet.
165 Desuz un pin   en est li reis alets,
ses baruns mandet   pur sun cunseill finer,
par cels de France   voelt-il de l' tut errer.
   Li emperere   s'en vait desuz un pin,   12
ses baruns mandet   pur sun cunseill fenir.
170 Vint i Ogiers,   l'arcevesques Turpins,
Richards li viels   e si sis nies Henris,
e de Guascuigne   li pruds cuens Acelins,
Tedbalds de Reims   e Miles sis cusins;
e si i furent   e Geriers e Gerins;
175 ensembl' od els   li cuens Rolands i vint
e Oliviers   li pruds e li gentils;
des Francs de France   en i at plus de mil;

   Guenes i vint, qui la traisun fist.
   Dès or cumencet li cunseils que mal prist.
185 „Seignur barun," dist l' emperere Charles, 13
   „li reis Marsilies m'at tramis ses messages;
   de sun aveir me voelt duner grand masse,
   urs e leuns e veltres chaeignables.
   set cents chameils e mil osturs muables,
185 quatre cents muls chargiets de l' or d'Arabe,
   avoec iço plus de cinquante charres.
   Mais il me mandet que en France m'en alge,
   il me siurat ad Ais a mun estage,
   si recevrat la nostre lei plus salve,
190 Chrestiens iert, de mei tendrat ses marches.
   Mais jo ne sai quels en est sis corages."
   Dient Franceis: „Il nus i cunvient guarde!"
   Li emperere out sa raisun fenie. 14
   Li cuens Rolands, qui ne l' otriet mie,
195 en pieds se drecet, si li vient cuntredire.
   Il dist a l' rei: „Ja mar creirez Marsilie.
   Set ans at pleins qu' en Espaigne venimes;
   jo vus cunquis e Noples e Comibles,
   pris ai Valterne e la terre de Pine,
200 e Balaguer e Tuele e Sezilie.
   Li reis Marsilies i fist mult que traitre:
   de ses paiens il vus enveiat quinze,
   chascuns portout une branche d'olive,
   nuncerent vus cets paroles meismes.
205 A voz Franceis un cunseill en presistes,
   loerent vus alques de legerie.
   Dous de voz cuntes a l' paien tramesistes,
   l'uns fut Basans e li altres Basilies;
   les chiefs en prist es puis desuz Haltilie.
210 Faites la guerre cum vus l'avez enprise,
   en Saragusse menez vostre host banie,
   metez le siege a tute vostre vie,
   si vengez cels que li fel fist ocire."
   Li emperere en tint sun chief embrunc, 15

215 si duist sa barbe, afaitat sun gernun,
ne bien ne mal ne respunt sun nevud.
Franceis se taisent, ne mais que Guenelun,
en pieds se drecet, si vint devant Charlun;
mult fierement cumencet sa raisun,
220 e dist al rei: „Ja mar creirez bricun,
ne mei ne altre, se de vostre prud nun.
Quand ço vus mandet li reis Marsiliuns
Qu'il devendrat juintes ses mains vostre hum,
e tute Espaigne tendrat par vostre dun,
225 puis recevrat la lei que nus tenums,
qui ço vus lodet que cest plait dejetums,
ne li chalt, sire, de quel mort nus moriums.
Cunseill d'orguill nen est dreits qu' a plus munt.
Laissums les fols, as sages nus tenums."
230   Après iço i est Naimes venuts, 16
meillur vassal n'aveit en la cort nul;
e dist a l' rei: „Bien l'avez entendut,
Guenes li cuens ço vus at respundut,
saveir i at, mais qu'il seit entenduts.
235 Li reis Marsilies est de guerre vencuts,
vus li avez tuts ses chastels toluts,
od voz cadables avez fruisset ses murs,
ses citets arses e ses humes vencuts.
Quand il vus mandet qu'aiez mercid de lui,
240 pechiet fereit qui dunc li fesist plus;
u par ostage vus voelt faire sour,
ceste grands guerre ne deit munter a plus."
Dient Franceis: „Bien at parlet li dux."
  „Seignur barun, qui i enveierums 17
245 en Saragusse a l' rei Marsiliun?"
Respunt dux Naimes: „J' irai, par vostre dun;
livrez m'en ore le guant e le bastun."
Respunt li reis: „Vus estes saives hum;
par ceste barbe e par cest mien gernun,
250 vus n'irez pas uan de mei si luign;
alez sedeir quand nuls ne vus sumunt."

„Seignur barun, qui porrums enveïer 18
a l' Sarazin qui Saragusse tient?"
Respunt Rolands: „J' i pois aler mult bien."
255 „Nun ferez certes," dist li cuens Oliviers,
„vostre corages est mult pesmes e fiers,
jo me crendreie que vus ne vus mesliez.
Se li reis voelt, jo i pois aler bien."
Respunt li reis: „Amdui vus en taisiez,
260 ne vus ne il n'i porterez les piëds.
Par ceste barbe que veez blancheïer,
li duze per mar i serunt jugiet!"
Franceis se taisent, as les vus aqueisiets.
 Turpins de Reims en est levets del reng, 19
265 e dist a l' rei: „Laissiez ester voz Francs.
En cest païs avez estet set ans,
mult unt out e peines e ahans.
Dunez m'en, sire, le bastun e le guant,
e jo irai a l' Sarazin Espan,
270 enveis vedeir, alques de sun semblant."
Li emperere respunt par maltalant:
„Alez sedeir desur cel palie blanc;
n'en parlez mais, se jo ne l' vus cumand."
 „Franc chevalier" dist l'emperere Charles, 20
275 „car m'eslisez un barun de ma marche,
qui a Marsilie me portast mun message."
Ço dist Rolands: „Ç' iert Guenes, mis parastres."
Dient Franceis: „Car il le poet bien faire;
se lui laissiez, n'i trametrez plus saive."
280 E li cuens Guenes en fut mult anguissables;
de sun col jetet celes grands pels de martre,
e est remes en sun blialt de palie.
Vairs out les oels e mult fier le visage,
gent out le cors e les costets out larges;
285 tant par fut bels, tuit si per l'en esguardent.
Dist a Roland: „Tut fols, pur quei t'esrages?
Ço sait-um bien que jo sui tis parastres;
si as juget qu' a Marsilie m'en alge.

Se Deus ço dunet que jo de là repaire,
290 jo t'en movrai un issi grand cuntraire
que durerat a trestut tun edage."
Respunt Rolands: „Orguill oi e folage.
Ço sait-um bien, n'ai cure de manace;
mais saives hum i deit faire message;
295 se li reis voelt, prets sui pur vus le face."
Guenes respunt: „Pur mei n'iras tu mie. 21
Tu n'ies mis hoem ne jo ne sui tis sire.
Charles cumandet que face sun service,
en Saragusse en irai a Marsilie;
300 ainz i ferai un poi de legerie
que jo n'esclair ceste meie grand ire."
Quand l'ot Rolands, si cumencet a rire.
Quand ço veit Guenes qu'ore s'en rit Rolands, 22
dunc at tel doel, pur poi d'ire ne fent,
305 at bien petit que il ne pert le sens,
e dit al cunte: „Jo ne vus aim nient;
sur mei avez turnet fals jugement.
Dreits emperere, veez me ci present,
Ademplir voeill vostre cumandement.
310 „En Saragusse sai bien qu' aler m'estoet; 23
hum qui là vait repairier ne s'en poet.
Ensurquetut est a mei vostre soer,
si'n ai un fils, ja plus bels n'en estoet:
ç' est Baldevins, ço dit que iert prusdoem.
315 A lui lais-jo mes honurs e mes soels.
Guardez le bien, ja ne l' verrai des oels."
Charles respunt: „Trop avez tendre coer.
Puisque l' cumand, aler vus en estoet."
Ço dist li reis: „Guenes, venez avant; 24
320 si recevez le bastun e le guant.
Oït l' avez, sur vus le jugent Franc."
„Sire," dist Guenes, „ço at tut fait Rolands;
ne l'amerai a trestut mun vivant,
ne Olivier pur ço qu' est sis cumpain,
325 ne l's duze pers pur ço qu'il l'aiment tant;

Desfi les en, sire, vostre veiant."
Ço dist li reis: „Trop avez maltalant.
Or irez-vus certes quand jo l' cumand."
„J' i pois aler; mais n'i avrai guarant;
330 nul out Basilies ne sis freres Basans."
 Li emperere li tent sun guant le destre;   25
mais li cuens Guenes iloec ne volsist estre;
quand le dut prendre, si li chaït a terre.
Dient Franceis: „Deus! que porrat ço estre?
335 De cest message nus avendrat grand perte."
 „Seignur," dist Guenes, „vus en orrez noveles."
 „Sire," dist Guenes, „dunez mei le cungiet;   26
quand aler dei, n'i ai plus que targier."
Ço dist li reis: „A l' Jesu e a l' mien!"
340 De sa main destre l'at asols e seigniet,
puis li livrat le bastun e le brief.
 Guenes li cuens s'en vait a sun hostel,   27
de guarnements se prent a cunreer,
de ses meillurs qu' il i poet recuvrer:
345 Esporuns d'or at en ses pieds fermets,
ceinte Murgles s'espee a sun costet,
en Tachebrun sun destrier est muntets,
l'estreu li tint sis uncles Guinemers.
Là veissez tant chevalier plurer,
350 qui tuit li dient: „Tant mare fustes, ber!
en cort a l' rei mult i avez estet,
noble vassal vus i soelt-um clamer.
Qui ço jugat que doussez aler,
par Charlemagne n'iert guarits ne tensets.
355 Li cuens Rolands ne l' se doust penser,
qu' estes estraits de mult grand parentet."
Enpres li dient: „Sire, car nus menez."
Ço respunt Guenes: „Ne placet damne Deu!
Miels est suls moerge que tant bon chevaler.
360 En dulce France, seignur, vus en irez,
de meie part ma muiller saluez,
e Pinabel mun ami e mun per,

e Baldevin   mun fils que vus savez,
e lui aidiez,   e l' pur seignur tenez."
365 Entret en veie,   si s'est achiminets.
    Guenes chevalchet; suz une olive halte   28
asemblee est   as sarazins messages,
meins Blancandrin,   qui envers lui s'atarget;
par grand saveir   parolet l' uns a l' altre.
370 Dist Blancandrins: „Merveillus hum est Charles,
qui cunquist Puille   e trestute Calabre,
vers Engleterre   passat-il la mer salse,
a oes saint Pierre   en cunquist le chevage.
Que nus requiert   ça en la nostre marche?"
375 Guenes respunt: „Itels est sis corages;
jamais n'iert hum   qui encuntre lui vaille."
    Dist Blancandrins: „Franc sunt mult gentil hume; 29
mult grand mal funt   e cil duc e cil cunte
a lur seignur,   qui tel cunseill li dunent;
380 lui e altrui   travaillent e cunfundent."
    Guenes respunt: „Jo ne sai veirs nul hume
ne mais Roland,   uncore en avrat hunte.
Hier main sedeit   l' emperere suz l'umbre;
vint i sis nies,   out vestue sa brunie,
385 e out predet   dejuste Carcassunie,
en sa main tint   une vermeille pume.
„Tenez, bels sire,"   dist Rolands a sun uncle,
„de trestuts reis   vus present les corunes."
Li soens orguils   le devreit bien cunfundre,
390 car chascun jur   a mort si s'abandunet.
Scit qui l' ocit,   tute pais avriumes."
    Dist Blancandrins: „Mult est pesmes Rolands, 30
qui tute gent   voelt faire recreant,
e tutes terres   met en chalengement.
395 E par quel gent   cuiet espleiter tant?"
    Guenes respunt: „Par la franceise gent.
Il l'aiment tant   ne li faldrunt nient;
or e argent   lur met tant en present,
muls e destriers,   palies e guarnements;

400 li emperere mist tut a sun talent.
Cunquerrat terres d'ici qu'en orient."
Tant chevalcherent Guenes e Blancandrins 31
que l'uns a l'altre la sue feid plevit
que il querreient que Rolands fust ocis.
405 Tant chevalcherent e veies e chemins
qu' en Saragusse descendent suz un if.
Un faldestoed out suz l'umbre d'un pin,
envolupet d'un palie alexandrin;
là fut li reis qui tute Espaigne tint,
410 tut entur lui vint milie Sarazin.
N'i at celui qui mot sunt ne mot tint,
pur les noveles qu' il voldreient oir.
Atant as vus Guenes e Blancandrins.
Blancandrins vint devant l'empereur, 32
415 par le puign tint le cunte Guenelun,
e dist al rei: "Salfs seiez de Mahum
e d'Apolin, cui saintes leis tenums!
Vostre message fesimes a Charlun;
ambes ses mains en levat cuntremunt,
420 loat sun Deu, ne fist altre respuns.
Ci vus enveiet un soen noble barun,
qui est de France, si est mult riches hum;
par lui orrez si avrez pais o nun."
Respunt Marsilies: "Or diet, nus l'orrums."
425 Mais li cuens Guenes se fut bien purpensets, 33
par grand saveir cumencet a parler
cume celui qui bien faire le sait,
e dist al rei: "Salvets seiez de Deu,
le glurius, que devums aurer!
430 Iço vus mandet Charlemagnes li ber:
que recevez sainte Chrestientet,
demi Espaigne vus voelt en fieud duner.
Se ceste acorde ne volez otrier,
pris e liets serez par poestet;
435 a l' siege ad Ais en serez amenets,
par jugement serez iloec finets,

là morrez-vus a hunte e a viltet."
Li reis Marsilies en fut mult esfreets
un algier tint qui d'or fut enpenets,
440 ferir l'en volst, se n'en fust desturnets.

Li reis Marsilies at la colur muee, 34
de sun algeir at la hanste crolee.
Quand le vit Guenes, mist la main a l'espee,
cuntre dous deits l'at del furrer jetee,
445 si li at dit: „Mult estes bele e clere;
tant vus avrai en cort a rei portee,
ja ne l' dirat de France l' emperere
que moerge suls en l'estrange cuntree,
ainz vus avrunt li meillur cumperee."
450 Dient paien: „Desfaimes la meslee."

Tant li preierent li meillur Sarazin 35
qu'el' faldestoed s'est Marsilies asis.
Dist l'algalifes: „Mal nus avez baillit,
que le Franceis asmastes a ferir;
455 le doussez esculter e oir."
„Sire," dist Guenes, „me l' cunvient a sufrir.
Jo ne lerreie pur tut l'or que Deus fist,
ne pur l'aveir qui seit en cest païs,
que ço ne die, se tant ai de leisir,
460 que Charlemagnes li reis poesteifs
par mei li mandet sun mortel enemi."
Afublets est d'un mantel sabelin,
qui fut coverts d'un palie alexandrin,
jetet l' a terre, si l' receit Blancandrins;
465 mais de s'espee ne voelt mie guerpir,
en sun puign destre par l'orie pund la tint.
Dient paien: „Noble barun at ci."

Envers le rei s'est Guenes aproismiets, 36
si li at dit: „A tort vus coruciez;
470 car ço vus mandet Charles qui France tient,
que recevez la lei de Chrestiens;
demi Espaigne vus durrat-il en fieud,
l'altre meitiet avrat Rolands sis nies,

```
         mult orguillus     i avrez parsunier.
475 Se ceste acorde     ne volez otrier,
    en Saragusse     vus vendrat asegier;
    par poestet     serez pris e liets,
    menets serez     pur dreit ad Ais le sied;
    vus n'i avrez     palefrei ne destrier
480 ne mul ne mule     que poissez chevalchier,
    jetets serets     sur un malvais sumier;
    par jugement     iloec perdrez le chief.
    Nostre emperere     vus enveiet cest brief."
    El' destre puign     a l' paien l'at livriet.
485     Marsilies fut     escolurets de l' ire,              37
    fraint le seel,     jetet en at la cire,
    guardet a l' bref,     vit la raisun escrite:
    „Charles me mandet,     qui France at en baillie,
    que me remembre     de la dolur e l' ire,
490 ç' est de Basan     e sun frere Basilie,
    dunt pris les chiefs     as puis de Haltoie.
    Se de mun cors     voeille aquiter la vie,
    dunc li envei     mun uncle l'algalife,
    o altrement     ne m'amerat il mie."
495 Après parlat     sis fils envers Marsilie,
    e dist al rei:     „Guenes at dit folie.
    Tant at erret     nen est dreits que plus vivet;
    Livrez le mei,     j' en ferai la justice."
    Quand l' oït Guenes,     l'espee en at branlie,
500 vait s'apuier     suz le pin a la tige.
        Enz el' vergier     s'en est alets li reis,          38
    ses meillurs humes     meinet ensembl' od sei;
    e Blancandrins     i vint a l' chanut peil,
    e Jurfaleus     qui est sis fils e heirs,
505 e l'algalifes     sis uncles e fedeils.
    Dist Blancandrins:     „Apelez le Franceis,
    de nostre prud     m'at plevie sa feid."
    Ço dist li reis:     „E vus l'amenereis."
    Guenes l'at pris     par la main destre as deits,
510 enz el' vergier     l'enmeinet jusqu' a l' rei.
```

Là pu̧rparolent la traisu̧n seins dreit.
„Bels sire Guenes,“ ço li at dit Marsilies, 39
„Jo vu̧s ai fait alques de legerie,
qu̧and pu̧r ferir vu̧s demu̧strai grand ire.
515 Fas vu̧s en dreit par cets pels sabelines,
miels en valt l'or que ne fu̧nt cinq cents livres.
Ainz demain nu̧it iert bele l'amendise.“
Guenes respu̧nt: „Jo ne l' desotrei mie.
Deu̧s, se lui plaist, a bien le vu̧s merciet!“
520 Ço dist Marsilies: „Guenes, par veir sacez, 40
en talent ai que mu̧lt vu̧s voeill amer.
De Charlemagne vu̧s voeill oir parler,
il est mu̧lt viels, si at su̧n tems uset,
mien escient, dou̧s cents ans at passets.
525 Par tantes terres at su̧n cors demenet,
tants colps at pris su̧r su̧n escut bu̧cler,
tants riches reis cu̧nduits a mendistet,
qu̧and iert-il mais recreants d' hosteier?“
Guenes respu̧nt: „Charles n'est mie tels.
530 N'est hu̧m qui l' veit e conu̧istre le sait,
que ço ne diet que l'emperere est ber.
Tant ne l' vu̧s sai ne preiser ne loer
que plus n'i at d'honu̧r e de bontet.
Sa grand valu̧r qui l' porreit acu̧nter?
535 De tel barnage l'at Deu̧s enluminet,
miels voelt morir que gu̧erpir su̧n barnet.“
Dist li paiens: „Mu̧lt me pois merveillier 41
de Charlemagne qui est chanuts e viels,
mien escientre, dou̧s cents ans at e miels.
540 Par tantes terres at su̧n cors travailliet,
tants colps at pris de lances e d'espiets,
tants riches reis cu̧nduits a mendistiet,
qu̧and iert-il mais recreants d'hosteïer?“
„Ço n'iert,“ dist Guenes, „tant cu̧m vivet sis nies,
545 n'at tel vassal su̧z la chape de l' ciel;
mu̧lt par est pru̧ds sis cu̧mpain Oliviers;
li du̧ze per, que Charles at tant chiers,

       funt les an-guardes   a vint mil chevaliers.
       Sours est Charles,   que nul hume ne crient."
550 Li Sarazins   dist: „Merveille en ai grand   42
     de Charlemagne   qui est chanuts e blancs,
     mien escientre,   plus at de dous cents ans.
     Par tantes terres   est alets cunquerant,
     tants colps at pris   de bons espiets trenchants,
555 tants riches reis   morts e vencuts en champ,
     quand iert-il mais   d' hosteier recreants?"
     „Ço n'iert," dist Guenes,   „tant cum vivet Rolands;
     n'at tel vassal   d'ici qu'en orient;
     mult par est pruds   Oliviers sis cumpain;
560 li duze per,   que Charles aimet tant,
     funt les an-guardes   a vint milie de Francs.
     Sours est Charles,   ne crient hume vivant."
     „Bels sire Guenes,"   dist Marsilies li reis,   43
     „jo ai tel gent,   plus bele ne verreis,
565 quatre cents milie   chevaliers pois aveir;
     pois m'en cumbatre   a Charle e a Franceis."
     Guenes respunt: „Nun vus a ceste feiz!
     de voz paiens   mult grand perte avrieis.
     Laissez folie,   tenez vus a l' saveir;
570 l'empereur   tant li dunez aveir,
     n'i ait Franceis   qui tut ne s'en merveilt.
     Pur vint ostages,   que li enveiereis,
     en dulce France   s'en reperrat li reis;
     sa rere-guarde   lerrat derere sei,
575 iert i sis nies   li cuens Rolands, ço crei,
     e Oliviers   li pruds e li corteis;
     mort sunt li cunte,   se est qui mei en creit.
     Charles verrat   sun grand orguil chadeir,
     n'avrat talent   que jamais vus guerreit."
580 „Bels sire Guenes,"   ço dist li reis Marsilies, 44
     „cum faitement   porrai Roland ocire?"
     Guenes respunt: „Ço vus sai-jo bien dire:
     li reis serat   as meillurs ports de Sizer,
     sa rere-guarde   avrat detres sei mise;

585 iert i sis nies   li cuens Rolands li riches
    e Oliviers   en qui il tant se fiet,
    vint milie Francs   unt en lur cumpaignie.
    De voz paiens   lur enveiez cent milie,
    une bataille   lur i rendent cil primes,
590 la gents de Francs   iert blecee e blesmie;
    ne l' di pur ço   des voz n'iert là martirie.
    Altre bataille   lur livrez de meisme.
    De quel que seit,   Rolands n'estoerstrat mie.
    Dunc avrez faite   gente chevalerie,
595 n'avrez mais guerre   en tute vostre vie.
       „Qui porreit faire   que Rolands i fust morts,   45
    dunc perdreit Charles   le destre bras de l'cors;
    si remaindreient   les merveilluses host,
    n'asemblereit   jamais si grand esforts,
600 terre majur   remaindreit en repos."
    Quand l'ot Marsilies,   si l' at baiset el' col;
    puis si cumencet   a ovrir ses tresors.
       Ço dist Marsilies: — qu'en parlereient el? —   46
    „Cunseils n'est pruds   dunt um ne remaint certs:
605 la traisun   me jurrez, s'il i est."
    Ço respunt Guenes: „Issi seit cum vus plaist."
    Sur les reliques   de s'espee Murgles
    la traisun   jurat, si s'est forsfaits.
       Un faldestoed   i out d'un olifant.   47
610 Marsilies fait   porter un livre avant,
    la leis i fut   Mahum e Tervagan.
    Ço at juret   li Sarazins Espans,
    s'en rere-guarde   truvet le cors Roland,
    cumbatrat sei   a trestute sa gent,
615 e, se il poet,   morrat cil veirement.
    Guenes respunt: „Bien seit vostre cumands!"
       Atant i vint   uns paiens Valdabruns, —   48
    icil levat   le rei Marsiliun, —
    cler en riant   l'at dit a Guenelun:
620 „Tenez m'espee,   meillur n'en at nuls hum,
    entre les helds   at plus de mil manguns;

par amistiet, bels sire, la vus duins,
que nus aidez de Roland le barun,
qu'en rere-guarde truver le poussums."
625 „Bien serat fait", li cuens Guenes respunt;
puis se baiserent es vis e es mentuns.
Apres i vint uns paiens Climorins, 49
cler en riant a Guenelun l'at dit:
„Tenez mun helme, unques meillur ne vi,
630 si nus aidez de Roland le marchis,
par quel mesure le poussums hunir."
„Bien serat fait," Guenes li respundit;
puis se baiserent es buches e es vis.
Atant i vint la reine Bramimunde: 50
635 „Jo vus aim mult, sire", dist ele al cunte,
„car mult vus priset mis sire e tuit si hume,
a vostre femme enveierai dous nusches,
bien i at or, matices e jacunces,
miels valent eles que tut l'aveir de Rume;
640 vostre emperere si bones n'en eut unques."
Il les at prises, en sa hoese les butet.
Li reis apelet Malduit sun tresorier: 51
„L'aveirs Charlun est-il apareilliets?"
E cil respunt: „Oil, sire, asez bien:
645 set cents chameil d'or e argent chargiet
e vint ostage des plus gentils suz ciel."
Marsilies tint Guenelun par l'espalle, 52
si li at dit: „Mult estes ber e sages,
par cele lei que vus tenez plus salve.
650 Guardez de nus ne turnez le corage!
De mun aveir vus voeill duner grand masse,
dis muls chargets del plus fin or d'Arabe;
jamais n'iert ans altretel ne vus face.
Tenez les clefs de ceste citet large,
655 le grand aveir en presentez a Charle,
puis me jugez Roland a rere-guarde.
Se l' pois trover a port ne a passage,
liverrai lui une mortel bataille."

       Guenes respunt: „Mei est vis que trop targe."
660 Puis est muntet,   entret en sun veiage.
       Li emperere   aproismet sun repaire,   53
    venuts en est   a la citet de Gaine;
    li cuens Rolands   il l'at e prise e fraite,
    puis icel jur   en fut cent ans deserte.
665 De Guenelun   atent li reis noveles
    e le treut   d'Espaigne la grand terre.
    Par main en l'albe,   si cum li jurs esclairet,
    Guenes li cuens   est venuts as herberges.
       Li emperere   est par matin levets,   54
670 messe e matines   at li reis escultet.
    Sur l'herbe vert   estut devant sun tref,
    Rolands i fut   e Oliviers li ber,
    Naimes li dux   e des altres asez.
    Guenes i vint,   li fel, li parjurets,
675 par grand veisdie   cumencet a parler,
    e dist al rei: „Salvets seiez de Deu!
    De Saragusse   ci vus aport les clefs,
    mult grand aveir   vus en fas amener,
    e vint ostages,   faites les bien guarder.
680 E si vus mandet   reis Marsilies li ber:
    De l'algalife   ne l' devez pas blasmer;
    a mes oels vi   quatre cents milie armets,
    halsbercs vestuts,   e blancs helmes fermets,
    ceintes espees   as punds d'or neielets,
685 qui l'en cunduistrent   entresque en la mer.
    Marsilie fuient   pur la Chrestientet,
    que il ne voelent   ne tenir ne guarder.
    Ainz qu'il oussent   quatre liues siglet,
    si l's at cuillit   e tempeste e orets;
690 là sunt neiet,   jamais ne l's reverrez.
    Se il fust vifs,   jo l' ousse amenet.
    De l' rei paien,   sire, par veir creez,
    ja ne verrez   cest premier meis passet
    qu'il vus siurat   en France le regnet,
695 si recevrat   la lei que vus tenez;

juintes ses mains, iert vostre cumandets,
de vus tendrat Espaigne le regnet:"
Ço dist li reis: „Graciets en seit Deus!
Bien l'avez fait, mult grand prud i avrez."
700 Par mi cele host funt mil graisles suner,
Franc desherbergent, funt lur sumiers trosser;
vers dulce France tuit sunt achiminet.
 Charles li magnes at Espaigne guastede,   55
les chastels pris, les citets violees.
705 Ço dit li reis que sa guerre out finee.
Vers dulce France chevalchet l'empere̊re.
Li cuens Rolands at l'enseigne fermee,
en sum un tertre cuntre le ciel levee.
Franc se herbergent par tute la cuntree.
710 Paien chevalchent par cets graignurs valees,
halsbercs vestuts e lur brunies dubloes,
helmes laciets e ceintes lur espees,
escuts as cols e lances adubees.
Enz en un bruill par sum les puis remestrent,
715 quatre cent milie atendent l'ajurnee.
Deus! quel dolur que li Franceis ne l' saivent!
 Tresvait le jurs, la nuits est aserie.   56
Charles se dort, li empere̊re riches;
sunjat qu'il eret as graignurs ports de Sizer,
720 entre ses puins teneit hanste fraisnine;
Guenes li cuens, l'at desur lui saisie,
par tel aïr l'at trossee e brandie,
qu'envers le ciel en volent les esclices.
Charles se dort qu'il ne s'esveillet mie.
725 Apres, ceste altre avisiun sunjat: 57
qu'il en France eret a sa chapele ad Ais;
el' destre bras li morst uns urs si mals;
devers Ardene vit venir un leupard,
sun cors demenie mult fierement asalt;
730 d'enz de la sale uns veltres avalat,
que vint a Charle les galops e les sals,
la destre oreille a l' premier urs trenchat,

ireement se cumbat a l' leupard.
Dient Franceis que grand bataille i at,
735 mais il ne saivent liquels d'els la veintrat.
Charles se dort, mie ne s'esveillat.
 Tresvait la nuits, e apert la clere albe.   58
Par mi cele host il funt suner mil graisles.
Li emperere mult fierement chevalchet.
740 „Seignur barun", dist l' emperere Charles,
„veez les ports e les destreits passages,
car me jugiez qui iert en rere-guarde."
Guenes respunt: „Rolands, cist miens filiastres;
N'avez barun de si grand vasselage."
745 Quand l'ot li reis, fierement le reguardet,
si li at dit: „Vus estes vifs diables;
el' cors vus est entree mortel rage.
E qui serat devant mei en l'an-guarde?"
Guenes respunt: „Ogiers de Danemarche;
750 n'avez barun qui miels de lui la facet."
 Li cuens Rolands, quand il s'oït jugier,   59
dunc at parlet a lei de chevalier:
„Sire parastres, mult vus dei aveir chier,
la rere-guarde avez sur mei jugiet;
755 n'i perdrat Charles li reis qui France tient,
mien escientre, palefreid ne destrier,
ne mul ne mule que deiet chevalchier,
ne n'i perdrat ne runcin ne sumier,
que as espees ne seit ainz eslegiets."
760 Guenes respunt: „Veir dites, jo l' sai bien."
 Quand ot Rolands qu'iert en la rere-guarde, 60
ireement parlat a sun parastre:
„Ahi! culverts, malvais hum de put aire,
cuias li guants me chaist en la place,
765 cum fist a tei, le bastun dunant Charles.
 „Dreits emperere", dist Rolands le barun,   61
„dunez mei l' arc que vus tenez el' puign;
mien escientre, ne l'me reproverunt
que il me chiedet, cum fist a Guenelun

770 de sa main destre, quand reçut le bastụn."
Li emperere en tint sụn chief embrụnc,
si duist sa barbe e detoerst sụn gernụn,
ne poet muer que de ses oels ne plụrt.
    Enpres iço i est Naimes venuts, 62
775 meillụr vassal n'out en la cort de lui,
e dist al rei: „Bien l'avez entendut,
li cụens Rolands il est mụlt irascuts,
la rere-guarde est jugee sụr lui;
n'avez barụn qui jamais là remut.
780 Dụnez li l'arc que vụs avez tendut,
si li trụvez qui tres bien li aiut."
Li reis li dụnet, e Rolands l'a reçut.
    Li emperere at apelet Roland: 63
„Bels sire nies, or savez veirement,
785 demi mụn host vụs lerrai en present;
retenez les, ç'est vostre salvement."
Ço dit li cụens: „Jo n'en ferai nient.
Deụs me cụnfụnde, se la geste en desment!
Vint milie Francs retendrai bien vaillants.
790 Passez les ports trestụt sourement,
ja mar crendrez nul hụme a mụn vivant."
    Li cụens Rolands est mụntets el' destrier. 64
Cụntre lui vient sis cụmpaign Oliviers,
vint i Gérins e li prụds cụens Geriers,
795 e vint i Otes si i vint Berengiers,
e vint Samsụns e Anseis li viels,
vint i Gerards de Rụssillụn li fiers,
venuts i est li Gụascụins Engeliers.
Dist l'arcevesques: „Jo irai par mụn chief!"
800 „E jo od vụs", ço dist li cụens Gụaltiers,
„hoem sụi Roland, jo ne le dei laissier."
Entre s'eslisent vint milie chevaliers.
    Li cụens Rolands Gụaltier de l' Hum apelet: 65
„Pernez mil Francs de France nostre terre,
805 si pụrpernez les destreits e les tertres,
que l'emperere nisun des soens n'i perdet."

Respunt Gualtiers: „Pur vus le dei bien faire."
Od mil Franceis de France la lur terre
Gualtiers desrenget les destreits e les tertres;
810 n'en descendrat pur malvaises noveles,
anzeis qu'en seient set cent espees traites.
Reis Almaris de l' regne del Belferne
une bataille lur livrat le jur pesme.
Halt sunt li pui, e li val tenebrus, 66
815 les roches bises, li destreit merveillus.
Le jur passerent Franceis a grand dolur,
de quinze lives en ot-um la rumur.
Puisque il vienent a la terre majur,
virent Guascuigne la terre lur seignur,
820 dunc lur remembret des fieuds e des honurs
e des pulceles e des gentils uissurs,
cel n'en i at qui de pitiet ne plurt.
Sur tuts les altres est Charles anguissus,
as ports d'Espaigne at laissiet sun nevud,
825 pitiets l'en prent, ne poet muer n'en plurt.
Li duze per sunt remes en Espaigne, 67
vint milie Francs unt en la lur cumpaigne,
nen unt pour ne de morir dutance.
Li emperere s'en repairet en France,
830 suz sun mantel enfoit la cuntenance.
Dejuste lui li dux Naimes chevalchet,
e dit al rei: „De quei avez pesance?"
Charles respunt: „Tort fait qui l' me demandet.
Si grand doel ai ne pois muer ne l' plaigne.
835 Par Guenelun serat destruite France:
anuit m'avint une avisiun d' angele,
qu' entre mes puins me depeçout ma hanste,
qui at jugiet Roland a rere-guarde.
Jo l'ai laissiet en une estrange marche.
840 Deus! se jo l'perd, ja n'en avrai eschange."
Charles li magnes ne poet muer n'en plurt. 68
Cent milie Franc pur lui unt grand tendrur,
e de Roland merveilluse pour.

Guenes li fel en at fait traisun;
845 de l' rei paien en at out grands duns,
or e argent, palies e ciclatuns,
muls e chevals, e chameils e leuns.
Marsilies mandet d'Espaigne les baruns,
cuntes, vescuntes e ducs e almaçurs,
850 les amirafles e les fils as cunturs;
quatre cents milie ajustet en treis jurs.
En Saragusse fait suner ses taburs;
Mahumet levent en la plus halte tur,
n'i at paien ne le prit ne l' aurt.
855 Puis si chevalchent par mult grand cuntençun
terre serraine e les vals e les munts,
de cels de France virent les gunfanuns,
la rere-guarde des duze cumpaignuns;
ne laisserat bataille ne lur dunt.
860 Li nies Marsilie il est venuts avant 69
sur un mulet od un bastun tuchant,
dist a sun uncle belement en riant:
„Bels sire reis, jo vus ai servit tant,
si'n ai out e peines e ahans,
865 faites batailles e vencues en champ;
dunez m' un fieud: ço est, le colp Roland!
Jo l' ocirai a mun espiet trenchant,
se Mahumet me voelt estre guarants;
de tute Espaigne aquiterai les pans
870 des ports d'Espaigne entresqu'a Durestant.
Lasserat Charles, si recrerrunt si Franc;
n'avrez mais guerre en tut vostre vivant."
Li reis Marsilies li'n at dunet le guant.
Li nies Marsilie tient le guant en sun puign, 70
875 sun uncle apelet de mult fiere raisun:
„Bels sire reis, fait m'avez un grand dun.
Eslisez mei unze de voz baruns,
si m' cumbatrai as duze cumpaignuns."
Tut premerains l'en respunt Falsarun, —
880 cil eret freres a l' rei Marsiliun —:

„Bels sire nies, e jo e vus irums,
ceste bataille veirement la ferums;
la rere-guarde de la grand host Charlun,
il est jugiet que nus les ocirums."
885 Reis Corsablis il est de.l' altre part, 71
Barbarins est e mult de males arts.
Cil at parlet a lei de bon vassal,
pur tut l'or Deu ne volt estre cuard.
As vus puignant Malprimis de Brigal,
890 plus curt a pied que ne fait uns chevals,
devant Marsilie cil s'escriet mult halt:
„Jo cunduirai mun cors en Rencesvals;
se truis Roland, ne lerrai que ne l' mat."
Un amurafle i at de Balaguer; 72
895 cors at mult gent e le vis fier e cler;
puisque il est sur sun cheval muntets,
mult se fait fier de ses armes porter;
de vasselage est-il bien alosets;
fust Chrestiens, asez oust barnet.
900 Devant Marsilie cil s' en est escriets:
„En Rencesvals irai mun cors guier;
se truis Roland, de mort serat finets,
e Oliviers e tuit li duze per,
Franceis morrunt a doel e a viltet.
905 Charles li magnes viels est e redutets,
recreants iert de sa guerre mener,
nus remaindrat Espaigne en quitedet."
Un almacur i at de Moriane, 73
910 n'at plus felun en la terre d'Espaigne.
Devant Marsilie at faite sa vantance:
„En Rencesvals guierai ma cumpaigne,
vint milie humes a escuts e a lances.
Se truis Roland, de mort li duins fiance;
915 jamais n'iert jurs que Charles ne s'en plaignet."
D'altre part est Turgis de Turteluse, 74
cil est uns cuens, si est la citets sue;
de Chrestiens voelt faire male vude.

Devant Marsilie　　as altres si s'ajustet,
920 ço dist al rei:　„Ne vus esmaiez unques!
plus valt Mahum　que saints Pierres de Rume;
se lui servez,　l' honur de l' champ avrumes.
En Rencesvals　a Roland irai juindre,
de mort n'avrat　guarantisun pur hume.
925 Veez m'espee　qui est e bone e lunge,
a Durendal　jo la metrai encuntre,
asez orrez　laquel irat desure.
Franceis morrunt,　se a nus s'abandunent;
Charles li viels　avrat e doel e hunte,
930 jamais en terre　ne porterat corune."

D'altre part est　Escremis de Valterne,　　75
Sarazins est,　si est sue la terre.
Devant Marsilie　s'escriet en la presse:
„En Rencesvals　irai l'orguill desfaire;
935 se truis Roland,　n'enporterat la teste,
ne Oliviers　qui les altres chadelet,
li duze per　tuit sunt jugiet a perdre;
Franceis morrunt,　e France en iert deserte.
De bons vassals　avrat Charles sufraite."

940 D'altre part est　uns paiens Esturgants,　76
Estamarins　i est, uns soens cumpaign;
cil sunt felun　traitur suduiant.
Ço dist Marsilies:　„Seignur, venez avant!
En Rencesvals　irez as ports passant,
945 si aiderez　a cunduire ma gent."
E cil respundent:　„Sire, a vostre cumand.
Nus asaldrums　Olivier e Roland,
li duze per　n'avrunt de mort guarant;
car nos espees　sunt bones e trenchant,
950 nus les ferums　vermeilles de chald sang.
Franceis morrunt,　Charles en iert dolent.
Terre majur　vus metrums en present;
venez i, reis,　si l' verrez veirement,
l'empereur　vus metrums en present."

955 Curant i vint　Margarits de Sibilie,　　77

cil tient la terre   entresqu'as Caz marines.
Pur sa beltet   dames li sunt amies;
cele ne l' veit   vers lui ne s'esclargisset,
Quand ele l' veit,   ne poet muer ne riet.
960 N'i at paien   de tel chevalerie.
Vint en la presse,   sur les altres s'escriet,
e dist a l' rei: „Ne vus esmaiez mie!
En Rencesvals   irai Roland ocire,
ne Oliviers   n'enporterat la vie,
965 li duze per   sunt remis en martirie.
Veez m'espee   qui d'or est enheldie,
si la tramist   li amirals de Primes,
jo vus plevis   qu'en vermeill sang iert mise.
Franceis morrunt   e France en iert hunie.
970 Charles li viels   a la barbe flurie,
jamais n'iert jurs   qu'il n'en ait doel e ire.
Jusqu'a un an   avrums France saisie,
jesir porrums   el' burc de Saint Denise."
Li reis paiens   parfundement l'enclinet.
975 D'altre part est   Chernubles de Muneire.   78
Jusqu'a la terre   si chevel li baleient;
Graignur fais portet   par jiu, quand il s'enveiset,
que quatre mul   ne funt, quand il sumeient.
Icele terre,   ço dit, dunt il esteiet,
980 soleils n'i luist,   ne bleds n'i poet pas creistre,
pluie n'i chiet,   rusee n'i adeiset,
pierre n'i at   que tute ne seit neire;
dient alquant   que diable là meinent.
Ço dist Chernubles: „Ma bone espee ai ceinte,
985 en Rencesvals   jo la teindrai vermeille;
se truis Roland   le prud en mi ma veie,
se ne l' asaill,   dunc ne fas jo que creire;
si cunquerrai   Durendal od la meie.
Franceis morrunt,   e France en iert destreite."
990 A icets mots   li duze per s'aleient,
itels cent milie   Sarazins od els meinent,
qui de bataille   s'arguent e hasteient,

vunt s'adųber desųz une sapeite.
Paien s'adųbent d' halsbercs sarazineis, 79
995 tųit li plusųr en sųnt dųblet en treis;
lacent lųr helmes mųlt bons saragųsseis,
ceignent espees de l'acier vianeis,
escuts ųnt gents, espiets valentineis,
e gųnfanųns blancs e blois e vermeils.
1000 Laissent les muls e tuts les palefreids,
es destriers mųntent, si chevalchent estreit.
Clers fut li jųrs, e bels fut li soleils,
n'ųnt gųarnement que tųt ne reflambeit.
Sųnent mil graisles pųr ço que plus bel seit;
1005 grands est la noise, si l' oirent Franceis.
Dist Oliviers: „Sire cųmpain, ço crei,
de Sarazins porrųms bataille aveir."
Respųnt Rolands: „E Deųs la nųs otreit!
Bien devųms ci ester pųr nostre rei;
1010 pųr sųn seignųr deit-ųm sųfrir destreits,
e endurer e grands chalds e grands freids,
si'n deit-ųm perdre e de l' cųir e de l' peil.
Or gųart chascuns que grands colps i empleit,
que malvais chants de nųs chantets ne seit.
1015 Paien ųnt tort e Chrestien ųnt dreit.
Malvaise essemple n'en serat ja de mei."
Oliviers mųntet desųr un pųi haltsųr, 80
gųardet sųz destre par mi un val herbųs,
si veit venir celo gent paienųr,
1020 si'n apelat Roland sųn cųmpaignųn:
„Devers Espaigne vei venir tel bruųr,
tants blancs halsbercs, tants helmes flambiųs!
Icist ferųnt noz Franceis grand irųr.
Guenes le sout, li fel, li traitųr,
1025 qui nųs jugat devant l'emperęųr."
„Tais, Oliviers," li cųens Rolands respųnt,
„est mis parrastres, ne voeill que mot en sųns."
Oliviers est desųr un pųi mųntets, 81
or veit il bien d'Espaigne le regnet

1030 e Sarazins qui tant sunt asemblet.
Luisent cil helme, qui a or sunt gemet,
e cil escut e cil halsberc safret,
e cil espiet, cil gunfanun fermet.
Sul les eschieles ne poet-il acunter,
1035 tant en i at que mesure n'en sait.
En lui meisme en est mult esguarets;
cum il ainz pout de l' pui est avalets,
vint as Franceis, tut lur at acuntet.
Dist Oliviers: „Jo ai paiens veuts, 82
1040 unc mais nuls hum en terre n'en vit plus.
Cil devant sunt cent milie a escuts,
helmes laciets e blancs halsbercs vestuts,
dreites cets hanstes, luisent cil espiet brun.
Bataille avrez, unques mais tels ne fut.
1045 Seignur Franceis, de Deu aiez vertut!
el' champ estez, que ne seiums vencut!"
dient Franceis: „Dehait ait qui s'en fuit!
ja pur morir ne vus en faldrat uns."
Dist Oliviers: „Paien unt grand esforts, 83
1050 de noz Franceis m'i semblet aveir poi;
cumpaign Rolands, car sunez vostre corn!
si l'orrat Charles, si returnerat l'hots."
Respunt Rolands: „Jo fereie que fols,
en dulce France en perdroie mun los.
1055 Sempres ferrai de Durendal grands colps,
sanglants en iert li brands entresqu'a l' or.
Felun paien mar i vindrent as ports;
jo vus plevis, tuit sunt jugiet a mort."
„Cumpaign Rolands, l'olifant car sunez! 84
1060 Si l'orrat Charles, ferat l'host returner,
sucurrat nus li reis od sun barnet."
Respunt Rolands: „Ne placet damne Deu
que mi parent pur mei seient blasmet,
ne France dulce ja chieet en viltet!
1065 Ainz i ferrai de Durendal asez,
ma bone espee que ai ceinte a l' costet;

tut en verrez le brand ensanglentet.
Felun paien mar i sunt asemblet;
jo vus plevis, tuit sunt a mort livret."
1070 „Cumpain Rolands, sunez vostre olifant! 85
Si l' orrat Charles qui est as ports passant;
jo vus plevis, ja returnerunt Franc."
„Ne placet Deu," ço li respunt Rolands,
„que ço seit dit de nul hume vivant
1075 que pur paien ja seie-jo cornant!
Ja n'en avrunt reproce mi parent.
Quand jo serai en la bataille grand,
e jo ferrai e mil colps e set cents,
de Durendal verrez l'acier sanglent.
1080 Franceis sunt bon, si ferrunt vassalment;
ja cil d'Espaigne n'avrunt de mort guarant."
Dist Oliviers: „D'iço ne sai-jo blasme. 86
Jo ai veut les Sarazins d'Espaigne,
covert en sunt li val e les muntaignes
1085 e li laris e trestutes les plaignes.
Grand sunt les host de cele gent estrange;
nus i avums mult petite cumpaigne."
Respunt Rolands: „Mis talents en est graigne.
Ne placet Deu ne ses saintismes angeles
1090 que ja pur mei perdet sa valur France!
Miels voeill morir que me vienget huntages.
Pur bien ferir, l'empercre nus aimet."
Rolands est pruds e Oliviers est sages,
ambedui unt merveillus vasselage;
1095 puisque il sunt as chevals e as armes,
ja pur morir n'eschiverunt bataille.
Bon sunt li cunte, e lur paroles haltes.
Felun paien par grand irur chevalchent.
Dist Oliviers: „Rolands, veez en alques!
1100 cist nus sunt pres, mais trop nus est luins Charles.
Vostre olifant suner vus ne l' deignastes;
fust i li reis, n'i oussums damage.
Guardez amunt devers les ports d'Espaigne,

veeir poez   dolent la rere-guarde.
1105 Qui ceste fait,   jamais n'en ferat altre."
Respunt Rolands: „Ne dites tel ultrage!
Mals seit de l' coer   qui el' piz se cuardet!
Nus remaindrums   en estal en la place;
par nus i iert   e li colps e li chaples."
1110   Quand Rolands veit   que bataille serat,   87
plus se fait fier   que leuns ne leupards;
Franceis escriet,   Olivier apelat:
„Sire cumpain,   amis, ne l' dire ja.
Li emperere   qui Franceis nus laissat,
1115 itels vint milie   en mist a une part,
sun escientre,   n'en i out un cuard.
Pur sun seignur   deit-um sufrir grands mals,
e endurer   e forts freids e grands chalds,
si'n deit-um perdre   de l' sang e de la char.
1120 Fier de la lance   e jo de Durendal,
ma bone espee   que li reis me dunat.
Se jo i moerc,   dire poet qui l'avrat,
qu' icele fut   a nobile vassal."
D'altre part est   l' arcevesques Turpins,   88
1125 sun cheval brochet   e muntet un laris;
Franceis apelet,   un sermun lur at dit:
„Seignur barun,   Charles nus laissat ci,
pur nostre rei   devums nus bien morir;
Chrestientet   aidiez a sustenir!
1130 Bataille avrez,   vus en estes tut fid,
car a voz oels   veez les Sarazins.
Clamez voz culpes,   si preiez Deu mercid!
Asoldrai vus   pur voz anmes guarir;
se vus morez,   esterez saint martir,
1135 sieges avrez   e l' graignur pareis."
Franceis descendent,   a terre se sunt mis,
el'arcevesques   de Deu les beneist,
par penitence   lur cumandet ferir.
Franceis se drecent,   si se metent sur pieds,   89
1140 bien sunt asols   e quites de pechiets,

```
              e l'arcevesques    de Deu  les at seigniets,
              puis sunt muntet   sur lur curants destriers;
              adubet sunt     a lei de chevaliers,
              e de bataille    sunt tuit apareilliet.
        1145  Li cuens Rolands    apelet Olivier:
              „Sire cumpain,    mult bien vus le saiviez
              que Guenelun    nus at tuts espiets,
              pris en at or    e aveir e deniers;
              li emperere    nus devreit bien vengier.
        1150  Li reis Marsilies    de nus at fait marchiet,
              mais as espees    l'estovrat eslegier."
                 As ports d'Espaigne    en est passets Rolands 90
              sur Veillantif    sun bon cheval curant;
              portet ses armes,    mult li sunt avenant,
        1155  e sun espiet    vait li ber palmeiant,
              cuntre le ciel    vait l'amure turnant,
              laciet en sum    un gunfanun tut blanc;
              les renges d'or    li batent jusqu'as mains;
              cors at mult gent,    le vis·cler e riant.
        1160  E sis cumpaign    apres le vait sivant,
              e cil de France    le claiment a guarant.
              Vers Sarazins    reguardet fierement;
              e vers Franceis    e humle e dulcement:
              si lur at dit    un mot corteisement:
        1165  „Seignur barun,    le pas alez tenant!
              Cist paien vunt    grand martirie querant;
              encui avrums    un eschec bel e gent,
              nuls reis de France    n'out unques si vaillant."
              A cets paroles    vunt les hots ajustant.
        1170  Dist Oliviers:    „N'ai cure de parler.       91
              Vostre olifant    ne deignastes suner,
              ne de Charlun    mie vus nen avez;
              il n'en sait mot,    n'i at culpe li ber.
              Cil qui là sunt    ne funt mie a blasmer.
        1175  Car chevalchiez    a quant que vus poez!
              Seignur barun,    el' champ vus retenez!
              Pur Deu vus pri,    en seiez purpenset
```

                de colps ferir,   de receivre e duner.
                L'enseigne Charle   n'i devums oblier."
1180 A icest mot   unt Franceis escriet.
        Qui dunc oist   Munjoie demander,
        de vasselage   li poust remembrer.
        Puis si chevalchent,   Deus! par si grand fiertet,
        brochent ad hait   pur le plus tost aler,
1185 si vunt ferir,   — que fereient-il el? —
        e Sarazins   ne l's unt mie dutets.
        Francs e paiens   as les vus ajustets.
            Li nies Marsilie,   il at num Aelrot,   92
        tut premerains   chevalchet devant l' host,
1190 de noz Franceis   vait disant si mals mots:
        „Felun Franceis,   hui justerez as noz!
        Traït vus at   qui a guarder vus out;
        fols est li reis   qui vus laissat as ports.
        Encui perdrat   France dulce sun los,
1195 Charles li magnes   le destre bras del cors."
        Quand l'ot Rolands,   Deus! si grand doel en out!
        sun cheval brochet,   laisset curre a esforts;
        vait le ferir   li cuens quantque il pot,
        l'escut li fraint   e l'halsberc li desclot,
1200 trenchet le piz,   si li briset les os,
        tute l'eschine   li desevret de l' dos,
        od sun espiet   l'anme li jetet fors,
        empeint le bien,   fait li brandir le cors,
        pleine sa hanste   de l' cheval l'abat mort;
1205 en dous meitiets   li at briset le col.
        Ne laisserat,   ço dit, que n'i parolt:
        „Ultre, culverts!   Charles n'est mie fols,
        ne traisun   unques amer ne volt.
        Il fist que pruds   qu'il nus laissat as ports;
1210 hui nen perdrat   France dulce sun los.
        Ferez i, Franc! Nostre est li premiers colps.
        Nus avums dreit,   mais cist glutun unt tort."
            Uns dux i est,   si at num Falsarun,   93
        cil eret freres   a l' rei Marsiliun,

3

1215 il tint la terre Dathan e Abirun;
suz ciel nen at plus encrismet felun;
entre les oels mult out large le frunt,
grand demi pied mesurer i pout-um.
Asez at doel quand vit mort sun nevud,
1220 eist de la presse, si se met en bandun,
e si escriet l'enseigne paienur;
envers Franceis est mult cuntrarius:
„Encui perdrat France dulce s'honur!"
Ot l'Oliviers, si'n at mult grand irur,
1225 le cheval brochet des ories esporuns,
vait le ferir en guise de barun,
l'escut li fraint e l' halsberc li derumpt,
el' cors li met les pans de l' gunfanun,
pleine sa hanste l'abat mort des arçuns.
1230 Guardet a terre, veit jesir le glutun,
si li at dit par mult fiere raisun:
„De voz manaces, culverts, jo n'ai essuign.
Ferez i, Franc! car tres bien les veintrums."
Munjoie escriet, ç'est l'enseigne Charlun.
1235 Uns reis i est, si at num Corsablis, 94
Barbarins est d'un estrange païs,
si apelat les altres Sarazins:
„Ceste bataille bien la poums tenir,
car de Franceis i at asez petit;
1240 cels qui ci sunt devums aveir mult vils,
ja pur Charlun n'i iert uns suls guarits.
Or est li jurs que l's estovrat morir."
Bien l'entendit l'arcevesques Turpins,
suz ciel n'at hume que tant voeillet haïr,
1245 sun cheval brochet des esperuns d'or fin,
par grand vertut si l'est alets ferir,
l'escut li frainst, l'halsberc li descumfist,
sun grand espiet par mi le cors li mist,
empeint le bien que mort le fait brandir,
1250 pleine sa hanste l'abat mort el' chemin.
Guardet a terre, veit le glutun jesir,

ne laisserat que n'i parolt, ço dit:
„Culverts paiens, vus i avez mentit,
Charles mis sire nus est guarants tuts dis,
1255 nostre Franceis n'unt talent de fuir.
Voz cumpaignuns ferums trestuts restifs,
vus di noveles, mort vus estoet sufrir.
Ferez, Franceis, nul de vus ne s'oblit!
Cist premiers colps est nostre, Deu mercid!"
1260 Munjoie escriet pur le champ retenir.

E Gerins fiert Malprimis de Brigal, 95
sis bons escuts un denier ne li valt.
tute li fraint la bucle de cristal,
l'une meitiet li turnet cuntreval;
1265 l'halsberc li rumpt entresque a la char,
sun bon espiet enz el' cors li embat.
Li paiens chiet cuntreval a un quat,
l'anme de lui enportet Satanas.

E sis cumpain Geriers fiert l'amurafle, 96
1270 l'escut li fraint e l'halsberc li desmailet,
sun bon espiet li met en la coraille,
empeint le bien, par mi le cors li passet,
que mort l'abat el' champ pleine sa hanste.
Dist Oliviers: „Gente est nostre bataille."

1275 Samsuns li dux vait ferir l'almacur, 97
l'escut li frainst qui est a or e flurs,
li bons halsbercs ne li est guarants pruds,
trenchet li l' coer, le firie e le pulmun,
que mort l'abat, cui qu'en peist o cui nun.
1280 Dist l'arcevesques: „Cist colps est de barun."

E Anseis laisset le cheval curre, 98
si vait ferir Turgis de Turteluse,
l'escut li fraint desuz l'oree bucle,
de sun halsberc li derumpit les dubles,
1285 de l' bon espiet el' cors li met l'amure,
empeinst le bien, tut le fer li mist ultre,
pleine sa hanste el' champ mort le tresturnet.
Ço dist Rolands: „Cist colp est de prudume."

   E Engeliers li Guascuins de Burdele   99
1290 sun cheval brochet, si li laschet la resne,
 si vait ferir Escremis de Valterne,
 l'escut de l' col li fraint e eschantelet,
 de sun halsberc li rumpit la venteille,
 si l' fiert el' piz entre les dous furceles,
1295 pleine sa hanste l'abat mort de la sele.
 Apres li dist: „Turnets estes a perdre."
   E Otes fiert un paien Esturgant   100
 sur sun escut en la pene devant,
 que tut li trenchet le vermeill e le blanc;
1300 de sun halsberc li at rumput les pans,
 el' cors li met sun bon espiet trenchant,
 que mort l'abat de sun cheval curant.
 Apres li dist: „Ja n'i avrez guarant."
   E Berengiers il fiert Estamarin,   101
1305 l'escut li frainst, l'halsberc li descumfist,
 sun fort espiet par mi le cors li mist,
 que mort l'abat entre mil Sarazins.
 Des duze pers li dis en sunt ocis,
 ne mais que dous n'en i at remes vifs,
1310 ço est Chernubles e li cuens Margarits.
   Margarits est mult vaillants chevaliers,   102
 e bels e forts, e isnels e legiers;
 le cheval brochet, vait ferir Olivier,
 l'escut li fraint suz la bucle d'or mier,
1315 lez le costet li cunduist sun espiet,
 deus le guarit, qu'el' cors ne l' at tuchiet,
 la hanste fruisset, mie ne l'a buitiet,
 ultre s'en vait qu'il n'i at desturbier,
 sunet sun graisle pur les soens ralier.
1320 La bataille est merveilluse e cumune.   103
 Li cuens Rolands mie ne s'asouret,
 fiert de l' espiet tant cum hanste li duret,
 a quinze colps l'at e fraite e perdue;
 trait Durendal sa bone espee nue,
1325 sun cheval brochet, si vait ferir Chernuble,

l'helme li fraint   u li carbuncle luisent,
trenchet la cuife   e la cheveleure,
si li trenchat   les oels e la faiture,
le blanc halsberc   dunt la maile est menue,
1330 e tut le cors   tresqu'en la furcheure,
enz en la sele,   qui est a or batue,
el' cheval est   l'espee aresteue,
trenchet l'eschine,   unc n'i out quis juinture,
tut l'abat mort   el' pret sur l'herbe drue.
1335 Apres li dist: „Culverts, mar i moustes,
de Mahumet   ja n'i avrez aiude.
Par tel glutun   n'iert bataille hui vencue."
Li cuens Rolands   par mi le champ chevalchet, 104
tient Durendal   qui bien trenchet e taillet,
1340 des Sarazins   lur fait mult grand damage.
Qui lui veist   l'un jeter mort sul' altre,
le sang tut cler   jesir par cele place!
Sanglent en at   e l'halsberc e la brace,
sun bon cheval   le col e les espales.
1345 E Oliviers   de ferir ne se target,
li duze per   n'en deivent aveir blasme,
e li Franceis   i fierent e si chaplent.
Moerent paien   e alquant en i pasment.
Dist l'arcevesques: „Bien ait nostre barnages!"
1350 Munjoie escriet,   ço est l'enseigne Charle.
E Oliviers   chevalchet par l'estur,   105
sa hanste est fraite,   n'en at que un trunçun;
e vait ferir   un paien Malsarun,
l'escut li fraint   qui est a or e flurs,
1355 fors de la teste   li met les oels amsdous,
e la cervele   li chiet as pieds desuz,
mort le tresturnet   od tut set cents des lur.
Puis at ocis   Turgin e Esturgus,
la hanste briset,   esclicet jusqu'as puins.
1360 Ço dist Rolands: „Cumpain, que faites vus?
En tel bataille   n'ai cure de bastun,
fers e aciers   i deit aveir valur.

U est l'espee qui Halteclere at num?
D'or est li helds e de cristal li punds."
1365 „Ne la pois traire," Oliviers li respunt,
„car de ferir hui j'ai si grand bosuign."
 Dams Oliviers trait at sa bone espee,   106
que sis cumpain li at tant demandee,
e il li at cum chevaliers mustree;
1370 fiert un paien Justin de Val Ferree,
tute la teste li at par mi sevree,
trenchet le cors e sa brunie safree,
la bone sele qui a or est gemee,
e a l' cheval at l'eschine trenchee,
1375 tut l'abat mort devant lui en la pree.
Ço dist Rolands: „Or vus receif jo frere!
Pur itels colps nus aimet l'emperere."
De tutes parts est Munjoie escriee.
 Li cuens Gerins siet el' cheval sorel,   107
1380 e sis cumpain Geriers en Passe-cerf;
laschent lur reisnes, brochent amdui a hait,
e vunt ferir un paien Timozel,
l'uns en l'escut e l'altres en l'halsberc;
lur dous espiets enz el' cors li unt fraits,
1385 mort le tresturnent tres en mi un guaret.
Ne l' oï dire ne jo mie ne l' sai,
liquels d'els dous en fut li plus isnels.
Esperveris i fut, li fils Borel,
icel ocist Engeliers de Burdel.
1390 E l'arcevesques lur ocist Siglorel,
l'enchanteur qui ja fut en enfer,
par artimal l'i cunduist Jupiter.
Ço dist Turpins: „Cist nus eret forsfaits."
Respunt Rolands: „Vencuts est li culverts.
1395 Oliviers freres, itel colp me sunt bel."
 La bataille est aduree endementres,   108
Franc e paien merveillus colps i rendent,
fierent li un, li altre se defendent,
e tante hanste i at fraite e sanglente,

1400 tant gunfanun rumput, enseigne tante;
tant bon Franceis i perdent lur juvente,
ne reverrunt lur meres ne lur femes,
ne cels de France qui as ports les atendent.
Charles li magnes en pluret, si s' dementet.
1405 De ço cui chalt! N'en avrunt sucurance.
Malvais service le jur li rendit Guenes
qu'en Saragusse sa maisnee alat vendre.
Puis en perdit e sa vie e ses membres;
el' plait ad Ais en fut juget a pendre
1410 de ses parents, ensembl'od lui, tels trente,
qui de morir nen ourent esperance.

    La bataille est merveilluse e pesants.   109
Mult bien i fiert Oliviers e Rolands,
li arcevesques plus de mil colps i rent,
1415 li duze per ne s'en targent nient,
e li Franceis fierent cumunement.
Moerent paien a miliers e a cents;
qui ne s'en fuit de mort n'i at guarant,
voeillet o nun, tut i laisset sun tems.
1420 Franceis i perdent lur meillurs guarnements,
ne reverrunt lur peres ne parents,
ne Charlemagne qui as ports les atent.
En France en at mult merveillus turment,
orets i at de tuneire e de vent,
1425 pluie e gresil desmesureement,
chiedent i fuildres e menut e suvent;
e terremoete ço i at veirement
de saint Michiel de l' peril jusqu'as Sens,
de Besençun tresqu'as ports de Guitsand,
1430 nen at recet dunt li murs ne cravent;
cuntre midi tenebres i at grands,
n'i at clartet se li ciels nen i fent.
Hum ne le veit qui mult ne s'espaent;
dient plusur: „C'est li definement,
1435 la fins del siecle qui nus est en present."
Il ne le saivent ne dient veir nient:

  c'est li grands doels pur la mort de Roland.
   Franc unt ferut de coer e de vigur. 110
  Paien sunt mort a miliers e a fulcs,
1440 de cent miliers n'en poent guarir dous.
  Dist l'arcevesques: „Nostre hume sunt mult prud,
  suz ciel n'at hume plus en ait de meillurs.
  Il est escrit en la geste Francur
  que vassal sunt a nostre empereur."
1445 Vunt par le champ, si requierent les lur,
  plurent des oels de doel e de tendrur
  pur lur parents par coer e par amur.
  Li reis Marsilies od sa grand host lur surt.
   Marsilies vient par mi une valee 111
1450 od sa grand host que il out asemblee.
  e vint eschieles at li reis anumbrees.
  Luisent cil helme as pierres d'or gemees
  e cil escut e cets brunies safrees.
  Set milie graisle i sunent la menee,
1455 grands est la noise par tute la cuntree.
  Ço dist Rolands: „Oliviers cumpaign, freres,
  Guenes li fel at nostre mort juree,
  la traisun ne poet estre celee,
  mult grand venjance en prendrat l'emperere.
1460 Bataille avrums e fort e adurce,
  unques mais hum tel ne vit ajustee.
  Jo i ferrai de Durendal m'espee,
  e vus, cumpain, ferrez de Halteclere.
  En tantes terres les avums-nus portees,
1465 tantes batailles en avums afinees,
  male chançun n'en deit estre chantee."
   Quand Franceis veient que paiens i at tants, 112
  de tutes parts en sunt covert li champ,
  suvent requierent Olivier e Roland,
1470 les duze pers, qu'il lur seient guarant.
  E l'arcevesques lur dist de sun semblant:
  „Seignur barun, n'en alez mespensant!
  Pur Deu vus pri que ne seiez fuiant,

que nuls prusdum malvaisement n'en chant!
1475 Asez est miels que moriums cumbatant.
Pramis nus est, fin prendrums a itant,
ultre cest jur ne serums plus vivant;
mais d'une chose vus sui-jo bien gu̧rants.
Saint pareis vus est abandunants,
1480 as innocents vus en serez seant."
A icest mot si s'esbaldissent Franc,
cel n'en i at Munjoie ne demant.
 Un Sarazin i out de Saragusse, 113
de la citet l'une meitiets est sue,
1485 ç'est Climborins, qui pas ne fuit prudume;
fiance prist de Guenelun le cunte,
par amistiet l'en baisat en la buche,
si l'en dunat sun helme a escarbuncle.
Terre majur, ço dit, metrat a hunte,
1490 l'empereur si toldrat la corune.
Siet el cheval qu'il claimet Barbamusche,
plus est isnels qu'esprevier ne arunde;
brochet le bien, le frein li abandunet,
si vait ferir Engelier de Guascuigne;
1495 ne l' poet guarir sis escuts ne sa brunie,
de sun espiet el' cors li met l'amure,
empeint le bien, tut le fer li mist ultre,
pleine sa hanste el' champ mort le tresturnet.
Apres escriet: „Cist sunt bon a cunfundre!
1500 Ferez, paien, pur la presse derumpre!"
Dient Franceis: „Deus! quels doels de prudume!"
 Li cuens Rolands apelet Olivier: 114
„Sire cumpain, ja est morts Engeliers;
nus n'aviums plus vaillant chevalier."
1505 Respunt li cuens: „Deus le me duinst vengier!"
Sun cheval brochet des esporuns d'or mier,
tient Halteclere, sanglents en est l'acier,
par grand vertut vait ferir le paien,
brandist sun colp, e li Sarazins chiet,
1510 l'anme de lui enportent aversiers.

Puis at ocis   le duc Alphaïen,
Escababi   i at le chief trenchiet,
set Arabits   i at deschevalchiets,
cil ne sunt prud   jamais pur guerreïer.
1515 Ço dist Rolands: „Mis cumpain est iriets,
encuntre mei   fait asez a preisier.
Pur itels colps   nus at Charles plus chiers."
A vuis escriet: „Ferez i, chevalier!"
    D'altre part est   uns paiens Valdabruns.   115
1520 Celui levat   le rei Marsiliun,
sire est par mer   de quatre cents dromuns,
n'i at eschipre   qui s' claimt se par lui nun;
Jerusalem   prist ja par traisun,
si violat   le temple Salomun,
1525 le patriarche   ocist devant les funts.
Cil out fiance   del cunte Guenelun,
il li dunat   s'espee e mil manguns.
Siet el' cheval   qu'il claimet Gramimund,
plus est isnels   que nen est uns falcuns;
1530 brochet le bien   des aguts esporuns,
si vait ferir   le riche duc Samsun,
l'escut li fraint   e l'halsberc li derumpt,
el' cors li met   les pans de l' gunfanun,
pleine sa hanste   l'abat mort des arçuns.
1535 „Ferez, paien,   car tres bien les veintrums!"
Dient Franceis: „Deus! quels doels de barun!"
    Li cuens Rolands,   quand il veit Samsun mort,   116
poez saveir   que mult grand doel en out.
Sun cheval brochet,   si li curt a esforts,
1540 tient Durendal,   qui plus valt que fins ors,
vait le ferir   li bers quantque il pot
desur sun helme   qui gemets fut a or,
trenchet la teste   e la brunie e le cors,
la bone sele   qui est gemee a or,
1545 e a l' cheval   parfundement le dos;
ambur ocit,   qui que l' blast ne qui l' lot.
Dient paien: „Cist colps nus est mult forts."

Respunt Rolands: „Ne pois amer les voz,
devers vus est li orguils e li torts."
1550 D'Afrique i at un African venut, 117
ç' est Malcuiants li fils a l' rei Malcut;
si guarnement sunt tut a or batut,
cuntre le ciel sur tuts les altres luist.
Siet el' cheval qu'il claimet Salt-perdut,
1555 beste nen est qui poisset curre a lui.
Il fait ferir Anseis en l'escut,
tut li trenchat le vermeill e l'azur,
de sun halsberc li at les pans rumput,
el' cors li met e le fer e le fust.
1560 Morts est li cuens, de sun tems n'i at plus.
Dient Franceis: „Vassals, tant mare fus!"
Par le champ vait Turpins li arcevesques; 118
tels corunets ne chantat unques messe,
qui de sun cors feist tantes pruèces;
1565 dist a l' paien: „Deus tut mal te trametet!
Tel as ocis dunt a l' coer me regretet."
Sun bon cheval i at fait esdemetre,
si l' at ferut sur l'escut de Tulete,
que mort l'abat desur cele herbe verte.
1570 De l' altre part est uns paiens Grandories, 119
fils Capuel, le rei de Capadoce.
Siet el' cheval que il claimet Marmorie,
plus est isnels que n'est oisels qui volet;
laschet la resne, des esporuns le brochet,
1575 si vait ferir Gerin par sa grand force,
l'escut vermeill li fraint, de l' col li portet,
aprof li at sa brunie tut desclose,
el' cors li met tute l'enseigne bloie,
que mort l'abat en une halte roche;
1580 sun cumpaignun Gerier ocit uncore
e Berengier e Guiun de Saintorie;
puis vait ferir un riche duc Anstorie,
qui tint Valence e l'honur sur le Rosne,
il l'abat mort, paien en unt grand joie.

1585 Dient Franceis: „Mult dechieent li nostre."
    Li cuens Rolands tint s'espee sanglente, 120
bien at oït que Franceis se dementent,
si grand doel at que par mi cuiet fendre;
dist a l' paien: „Deus tut mal te cunsentet!
1590 Tel as ocis que mult chier te cuid vendre."
Sun cheval brochet, qui del curre cuntencet;
qui que l' cumpert, venut en sunt ensemble.
    Grandories fut e prusdum e vaillant, 121
e vertuus e vassals cumbatants.
1595 En mi sa veie at encuntret Roland,
anceis ne l' vit, si l' conut veirement
a l' fier visage e a l' cors qu'il out gent,
e a l' reguard e a l' cuntenement,
ne poet muer qu'il ne s'en espaent,
1600 fuir s'en voelt, mais ne li valt nient.
Li cuens le fiert tant vertuusement,
tresqu'a l' nasel tut le helme li fent,
trenchet le nes e la buche e les dents,
trestut le cors e l'halsberc jazerenc,
1605 de l' orie sele les dous alves d'argent
e a l' cheval le dos parfundement,
ambur ocist seins nul recuvrement;
e cil d'Espaigne s'en claiment tuit dolent.
Dient Franceis: „Bien fiert nostre guarants."
1610   La bataille est merveilluse e hastive, 122
Franceis i fierent par vigur e par ire,
trenchent cets puins, cets costets, cets eschines,
cets vestements entresque as chars vives;
1614 sur l' herbe vert li clers sangs s'en afilet.
1616 Terre majur, Mahumet te maldiet!
Sur tute gent est la tue hardie!
Cel n'en i at qui ne criet: „Marsilies,
chevalche, reis, bosuign avums d'aïe!"
1620   La bataille est e merveilluse e grands, 123
Franceis i fierent des espiets brunisants.
Là veissez si grand dolur de gent,

tant hume mort   e nafret e sanglent!
L'uns jist sur l'altre   e envers e adents!
1625 Li Sarazin   ne l' poent sufrir tant,
voelent o nun,   si guerpissent le champ,
par vive force   les enchalcerent Franc.

  Marsilies veit   de sa gent le martirie,   124
si fait suner   ses corns e ses buisines,
1630 puis si chevalchet   od sa grand host banie.
Devant chevalchet   uns Sarazins Abismes,
plus fel de lui   n'est en sa cumpagnie;
teches at males   e mult grands felunies,
ne creit en Deu   le fils sainte Marie;
1635 issi est neirs   cum peis qui est demise;
plus aimet-il   traisun e murdrie
qu' il ne fesist   trestut l'or de Galice,
unques nuls hum   ne l' vit juer ne rire;
vasselage at   e mult grand estultie,
1640 pur ço est druts   a l' felun rei Marsilie,
sun dragun portet   a qui sa gents s'alient.
Li arcevesques   ne l' amerat ja mie,
cum il le vit,   a ferir le desiret,
mult queiement   le dit a sei meisme:
1645 „Cil Sarazins   me semblet mult herites,
miels voeill morir   que jo ne l' alge ocire,
unques n'amai   cuard ne cuardie."

  Li arcevesques   cumencet la bataille,   125
siet el' cheval   qu'il tolit a Grossaille,
1650 ç' eret uns reis   qu' ocist en Danemarche;
li destriers est   e curants e aates,
pieds at copets   e les gambes at plates,
curte la cuisse   e la crupe bien large,
lungs les costets   e l'eschine at bien halte,
1655 blanche la cue   e la crignete jalne,
petite oreille,   la teste tute falve,
beste n'en est   qui encuntre lui alget.
Li arcevesques   brochet par vasselage,
ne laisserat   qu' Abisme nen asaillet,

1660 vait le ferir en l'escut a miracle,
pierres i at, metistes e topazes,
esterminals e carbuncles qui ardent;
en Val Metas le dunat uns diables,
si le tramist li amirals Galafes;
1665 Turpins i fiert, qui nient ne l' espargnet,
enpres sun colp ne cuid qu' un denier vaillet,
le cors li trenchet tres l'un costet qu'a l' altre,
que mort l'abat en une voide place.
Dient Franceis: „Ci at grand vasselage,
1670 en l'arcevesque est bien la cruce salve."
Li cuens Rolands apelet Olivier: 126
„Sire cumpaign, se l' volez otrier,
li arcevesques est mult bons chevaliers,
n'en at meillur en terre desuz ciel'
1675 bien sait ferir e de lance e d'espiet."
Respunt li cuens: „Car li alums aidier!
a icest mot l'unt Franc recumenciet;
dur sunt li colp e li chaples est griefs.
mult grand dolur i at de Chrestīens.
1680 Qui puis veist Roland e Olivier
de lur espees ferir e chaplīer!
Li arcevesques i fiert de sun espiet.
Cels qu'il unt mort, bien les poet-um preisier:
il est escrit es chartres e es briefs,
1685 ço dit la geste, plus de quatre miliers.
As quatre esturs lur est avenuts biens,
li quints apres lur est pesants e griefs.
Tut sunt ocis cist Franceis chevalier,
ne mais seisante que Deus at espargniets;
1690 ainz que il moergent, il se vendrunt mult chier.
Li cuens Rolands des soens i veit grand perte, 127
sun cumpaignun Olivier en apelet:
„Sire cumpain, pur Deu que vus enhaitet,
tants bons vassals veez jesir par terre,
1695 plaindre poums France dulce, la bele,
de tels baruns cum or remaint deserte.

E! reis amis, que vus ici nen estes!
Oliviers freres, cum le porrums nus faire?
Cum faitement li manderums noveles?"
1700 Dist Oliviers: „Jo ne l' sai cument querre;
miels voeill morir que hunte seit retraite."
Ço dist Rolands: „Cornerai l'olifant, 128
si l' orrat Charles, qui est as ports passant;
jo vus plevis, ja returnerunt Franc."
1705 Dist Oliviers: „Verguigne sereit grand,
e reprover a trestuts voz parents,
iceste hunte durreit a l' lur vivant.
Quand jo l' vus dis, n'en feistes nient,
mais ne l' ferez par le mien loement:
1710 Se vus cornez, n'iert mie hardement,
ja avez vus amsdous les bras sanglents."
Respunt li cuens: „Colps j'en ai fait mult gents."
Ço dist Rolands: „Forts est nostre bataille; 129
jo cornerai, si l' orrat li reis Charles."
1715 Dist Oliviers: „Ne sereit vasselage.
Quand jo l' vus dis, cumpain, vus ne deignastes.
S'i fust li reis, n'i oussums damage.
Cil qui là sunt n'en deivent aveir blasme."
Dist Oliviers: „Par ceste meie barbe!
1720 se pois veeir ma gente sorur Alde,
vus ne jerrez jamais entre sa brace."
Ço dist Rolands: „Pur quei me portez ire?" 130
E cil respunt: „Cumpain, vus le feistes;
car vasselage par sens nen est folie,
1725 miels valt mesure que ne fait estultie.
Franceis sunt mort par vostre legerie,
Charles jamais de nus n'avrat service.
Se m' creissez, venuts i fust mis sire,
ceste bataille oussums faite e prise,
1730 o pris o morts i fust li reis Marsilies.
Vostre pruece, Rolands, mar la veimes!
Charles li magnes de vus n'avrat aÿe,
n'iert mais tels hoem desque a Deu juice;

                vus i morrez,   e France en iert hunie;
1735   hui nus defalt   la leial cumpaignie,
        ainz le vespre iert   mult griefs la departie."
            Li arcevesques   les ot cuntrarier,   131
        le cheval brochet   des esporuns d'or mier,
        vint tresqu'a els,   si l's prist a chastier:
1740   "Sire Rolands,   e vus, sire Oliviers,
        pur Deu vus pri   ne vus cuntraliez!
        ja li corners   ne vus avreit mestier,
        mais nepurquant   si est il asez miels.
        Vienget li reis,   si nus porrat vengier;
1745   ja cil d'Espaigne   ne s' deivent turner liet.
        Nostre Franceis   i descendrunt a pied,
        truverunt nus   e morts e detrenchiets,
        leverunt nus   en bieres sur sumiers,
        si nus plurrunt   de doel e de pitiet,
1750   enfoirunt   en aitres de mustiers,
        n'en mangerunt   ne lu, ne porc, ne chien."
        Respunt Rolands: "Sire mult dites bien."
            Rolands at mis   l'olifant a sa buche,   132
        empeint le bien,   par grand vertut le sunet.
1755   Halt sunt li pui   e la vuis est mult lunge,
        grands trente liues   l'oirent-il respundre.
        Charles l'oït   e ses cumpaignes tutes;
        ço dit li reis: "Bataille funt nostre hume."
        e Gueneluns   li respundit encuntre:
1760   "Se l' desist altres,   ja semblast grand mensunge."
            Li cuens Rolands   par peine e par ahans,   133
        par grand dolur   sunet sun olifant;
        par mi la buche   en salt fors li clers sangs,
        de sun cervel   li temples est rumpant.
1765   De l' corn qu'il tient   l'oïe en est mult grand;
        Charles l'entent,   qui est as ports passant,
        Naimes l'oït,   si l'escultent li Franc.
        Ço dist li reis: "Jo oi le corn Roland;
        unc ne l' sunast,   se ne fust cumbatant."
1770   Guenes respunt: "De bataille est nient.

Ja estes vus viels e flurits e blancs,
par tels paroles vus resemblez enfant.
Asez savez le grand orguill Roland;
ço est merveille que Deus le sufret tant.
1775 Ja prist-il Noples seins le vostre cumand;
fors s'en eissirent li Sarazin dedenz,
si s' cumbatirent a l' bon vassal Roland,
puis od les eves lavat les prets de l' sang;
pur ce le fist, ne fust aparissant.
1780 Pur un sul lievre vait tut le jur cornant;
devant ses pers vait il ore gabant.
Suz ciel n' at gent qui l' osast querre en champ.
Car chevalchiez! Pur quei alez restant?
Terre majur mult est luins ça devant."
1785 Li cuens Rolands at la buche sanglente, 134
de sun cervel rumputs en est li temples;
l'olifant sunet a dolur e a peine,
Charles l'oït, e ses Franceis l'entendent.
Ço dist li reis: „Cil corns at lunge haleine!"
1790 Respunt dux Naimes: „Barun, si fait la peine!
Bataille i at par le mien escientre;
cil l'at traït qui vus en roevet feindre.
Adubez vus, si criez vostre enseigne,
si sucurez vostre maisnee gente!
1795 Asez oez que Rolands se dementet."
Li emperere at fait suner ses corns. 135
Franceis descendent, si adubent lur cors
d'halsbercs e helmes e d'espees a or;
escuts unt gents e espiets grands e forts
1800 e gunfanuns blancs e vermeils e blois.
Es destriers muntent tuit li barun de l'host,
brochent ad hait tant cum durent li port.
N'i at celui a l' altre ne parolt:
„Se veissums Roland, ainz qu'il fust mort,
1805 ensembl'od lui i durriums grands colps."
De ço cui chalt! car demuret unt trop.
Esclargits est li vespres cum li jurs; 136

4

cuntre soleill reluisent cil adub,
halsberc e helme i jetent grand flambur,
1810 e cil escut qui bien sunt peint a flurs,
e cil espiet, cil oret gunfanun.
Li emperere chevalchet par irur,
e li Franceis dolent e curius;
n'i at celui qui durement ne plurt,
1815 e de Roland sunt en mult grand pour.
Li reis fait prendre le cunte Guenelun,
si l' cumandat as cous de sa maisun;
tut le plus maistre en apelet, Besgun:
„Bien le me guarde, si cume tel felun;
1820 de ma maisnee at faite traisun."
Cil le receit, si met cent cumpaignuns
de la cuisine, des mals e des pejurs.
Icil li peilent la barbe e les gernuns,
chascuns le fiert quatre colps de sun puign,
1825 bien le batirent a futs e a bastuns,
e si li metent el' col un chaeignun,
si l' enchaeinent altresi cum un urs,
sur un sumier l'unt mis a deshonur;
tant le guarderent que l' rendent a Charlun.
1830 Halt sunt li pui e tenebrus e grand, 137
li val parfund e les eves curant.
Sunent cil graisle e derere e devant,
e tuit rachatent encuntre l'olifant.
Li emperere chevalchet fierement,
1835 e li Franceis curius e dolent;
n'i at celui n'i plurt e sei dement,
e prient Deu que guarisset Roland,
jusque il viengent el' champ cumunement;
ensembl'od lui i ferrunt veirement.
1840 De ço cui chalt! car ne lur valt nient;
demurent trop, n'i poedent estre a tems.
Par grand irur chevalchet li reis Charles; 138
desur sa brunie li jist sa blanche barbe.
Puignent ad hait tuit li barun de France;

1845 n'i at icel qui ne demeint irance
que il ne sunt a Roland le chataigne,
qui se cumbat as Sarazins d'Espaigne.
Si est blecets, ne cuid qu' anme i remaignet.
Deus! seissante humes i at en sa cumpaigne!
1850 Unques meillurs n'en out reis ne chataignes.
 Rolands reguardet es munts e es laris, 139
de cels de France i veit tants morts jesir,
e il les pluret cum chevaliers gentils:
„Seignur barun, de vus ait Deus mercid!
1855 tutes voz anmes otreit-il pareis!
en saintes flurs il les facet jesir!
Meillurs vassals de vus unques ne vi.
Si lungement tuts tems m'avez servit,
a oes Charlun si grands païs cunquis,
1860 li emperere tant mare vus nurrit!
Terre de France, mult ies dulce païs,
hui desertet a tant rubuste exill!
Barun Franceis, pur mei vus vei morir,
jo ne vus pois tenser ne guarantir;
1865 aït vus Deus, qui unques ne mentit!
Oliviers, freres, vus ne dei-jo faillir;
de doel morrai, se altres ne m' ocit.
Sire cumpaign, alums i referir!"
 Li cuens Rolands el' champ est repairiets, 140
1870 tient Durendal, cume vassals i fiert;
Faldrun de Pui i at par mi trenchiet
e vint e quatre de tut les miels preisiets;
jamais n'iert hum plus se voeillet vengier.
Si cum li cerfs s'en vait devant les chiens,
1875 devant Roland si s'en fuient paien.
Dist l'arcevesques: „Asez le faites bien!
Itel valur deit aveir chevaliers,
qui armes portet e en bon cheval siet;
en la bataille deit estre forts e fiers,
1880 o altrement ne valt quatre deniers,
ainz deit munie estre en un de cets mustiers,

si prierat tuts jurs pur noz pechiets."
Respunt Rolands: „Ferez, ne l's espargniez!"
A icest mot l'unt Franc recumenciet;
1885 mult grand damage i out de Chrestïens.
 Hum qui ço sait que ja n'avrat prisun, 141
en tel bataille fait grand defensiun;
pur ço sunt Franc si fier cume leun.
As vus Marsilie en guise de barun,
1890 siet el' cheval qu'il apelet Gaignun;
brochet le bien, si vait ferir Bevun, —
cil eret sire de Belne e de Digun, —
l'escut li fraint e l'halsberc li derumpt,
que mort l'abat seins altre desfisun;
1895 puis at ocis Ivorie e Ivun,
ensembl'od els Gerard de Russillun.
Li cuens Rolands ne li est guaires luign,
dist a l' paien: „Damnes Deus mal te duinst!
a si grand tort m'ocis mes cumpaignuns,
1900 colp en avras, ainz que nus departums,
e de m' espee encui savras le num."
Vait le ferir en guise de barun,
trenchiet li at li cuens le destre puign,
puis prent la teste de Jurfaleu le blund;
1905 cil eret fils a l' rei Marsiliun.
Paien escrient: „Aïe nus, Mahum!
Li nostre Deu, vengez nus de Charlun!
En ceste terre nus at mis tels feluns,
ja pur morir le champ ne guerpirunt."
1910 Dist l'uns a l' altre: „E! car nus en fuiums!"
A icest mot tel cent milie s'en vunt,
qui que l's rapelt ja n'en returnerunt.
 De ço cui chalt! Se fuit s'en est Marsilies, 142
remes i est sis uncles l'algalifes,
1915 qui tint Cartagene, Alferne, Garmalie,
e Ethiope, une terre maldite;
la ne're gent en at en sa baillie,
grands unt les nes e lees les orilles,

e sunt ensemble plus de cinquante milie.
1920 Icil chevalchent fierement e a ire,
puis si escrient l'enseigne paienisme.
Ço dist Rolands: „Ci recevrums martirie,
e or sai bien n'avums guaires a vivre;
mais tut seit fel qui chier ne s' vendet primes!
1925 Ferez, seignur, des espees furbies,
si chalangez e voz morts e voz vies,
que dulce France par nus ne seit hunie!
Quand en cest champ vendrat Charles mis sire,
de Sarazins verrat tel discipline
1930 cuntre un des noz en truverat morts quinze,
ne laisserat que nus ne beneisset."

Quand Rolands veit la cuntredite gent, 143
qui plus sunt neir que nen est arremens,
ne n'unt de blanc ne mais que sul les dents,
1935 ço dist li cuens: „Or sai-jo veirement
que hui morrums, par le mien escient.
Ferez, Franceis! car jo l' vus recumand."
Dist Oliviers: „Dehait ait li plus lents!"
A icest mot Franceis se fierent enz.

1940 Quand paien virent que Franceis i ont poi, 144
entr'els en unt e orguill e cunfort;
dist l'uns a l' altre: „L'emperere at tort."
Li algalifes sist sur un cheval sor,
brochet le bien des esporuns a or;
1945 fiert Olivier derere en mi le dos,
le blanc halsberc li at desclos e l' cors,
par mi le piz sun espiet li mist fors;
e dit apres: „Un colp avez pris fort.
Charles li magnes mar vus laissat as ports;
1950 tort nus at fait, nen est dreits qu'il s'en lot;
car de vus sul ai bien vengiet les noz."

Oliviers sent que a mort est feruts, 145
tient Halteclere, dunt li aciers fut bruns,
fiert l'algalife sur l'helme a or agut,
1955 e flurs e pierres en acraventet jus,

```
       trenchet la teste     d'ici qu'as dents menuts,
       brandist sun colp,    si l'at mort abatut;
       e dist apres:     „Paiens, mal aies tu!
       Iço ne di      Charles i ait perdut;
1960   ne a muiller      ne dame, aies veut;
       n'en vanteras     el' regne dunt tu fus,
       vaillant denier   que m'i aies tolut,
       ne fait damage    ne de mei ne d'altrui."
       Apres escriet     Roland qu'il li aiut.
1965   Oliviers sent     qu'il est a mort nafrets,       146
       de lui vengier    jamais ne li iert sets;
       en la grand presse    or i fiert cume ber,
       trenchet cets hanstes    e cets escuts buclers,
       e pieds e puins,      espales e costets.
1970   Qui lui veist     Sarazins desmembrer,
       un mort sur altre    a la terre jeter,
       de bon vassal     li poust remembrer.
       L'enseigne Charle    n'i volt mie oblier,
       Munjoie escriet      e haltement e cler.
1975   Roland apelet,    sun ami e sun per:
       „Sire cumpaign,   a mei car vus justez.
       A grand dolur     ermes hui desevret."
       Rolands reguardet    Olivier a l' visage;    147
       teints fut e pers,   descolurets e pales,
1980   li sangs tuts clers    par mi le cors li raiet.
       encuntre terre    en chieent les esclaces.
       „Deus!" dist li cuens,    „or ne sai-jo que face.
       Sire cumpaign,    mar fut vostre barnages!
       Jamais n'iert hum     qui tun cors cuntrevaillet.
1985   E! France dulce,     cum hui remaindras guaste
       de bons vassals,    e cunfunduc e chaite!
       Li emperere       en avrat grand damage."
       A icest mot       sur sun cheval se pasmet.
       As vus Rolands    sur sun cheval pasmet,       148
1990   e Olivier        qui est a mort nafrets,
       tant at sainet    li oeill li sunt trublet,
       ne luins ne pres    ne poet vedeir si cler
```

que reconquistre poisset hume mortel;
Sun cumpaignun, cum il l'at encuntret,
1995 si l' fiert amunt sur l'helme a or gemet,
tut li detrenchet d'ici tresqu' a l' nasel,
mais en la teste ne l' at mie adeiset.
A icel colp l' at Rolands reguardet,
si li demandet dulcement e suef:
2000 „Sire cumpaign, faites le vus de gret?
Ja ç'est Rolands, qui tant vus soelt amer;
par nule guise ne m'avez desfiet."
Dist Oliviers: „Or vus oi-jo parler;
jo ne vus vei: veiet vus damnes Deus!
2005 Ferut vus ai: car le me pardunez."
Rolands respunt: „Jo n'ai nient de mel;
jo l' vus parduins ici e devant Deu."
A icel mot l'uns a l' altre at clinet;
Par tel amur as les vus desevrets.
2010 Oliviers sent que la mort mult l'anguisset: 149
amdui li oeill en la teste li turnent,
l'oïe pert e la veue tute;
descend a pied, a la terre se culchet,
durement halt si reclaimet sa culpe,
2015 cuntre le ciel ambesdous ses mains juintes,
si priet Deu que pareis li dunget
e beneist. Charlun e France dulce,
sun cumpaignun Roland desur tuts humes.
Falt li li coers, li helmes li embrunchet;
2020 trestuts li cors a la terre li justet;
morts est li cuens, que plus ne ci demuret.
Rolands li ber le pluret, si l' doluset;
jamais en terre n'orrez plus dolent hume.
Li cuens Rolands quand vit mort sun ami, 150
2025 jesir adents, a la terre sun vis,
mult dulcement a regreter le prist:
„Sire cumpaign, tant mar fustes hardits!
Ensemble avums estet e ans e dis;
ne m' fesis mal, ne jo ne l' te forsfis.

2030 Quand tu ies morts, dolur est que jo vif."
A icest mot se pasmet li marchis
sur sun cheval que claimet Veillantif;
afermets est a ses estreus d'or fin,
quel part qu'il alt, ne poet mie chaïr.
2035 Ainz que Rolands se seit aperceuts, 151
de pasmeisuns guarits ne revenuts,
mult grands damages li est apareuts:
morts sunt Franceis, tuts les i at perdut,
seins l'arcevesque e seins Gualter de l' Hum.
2040 Repairet cist de la muntaigne jus,
a cels d'Espaigne mult s'i est cumbatuts,
mort sunt si hume, si l's unt paien vencuts;
voeillet o nun, desuz cets vals s'en fuit,
e si reclaimet Roland qu'il li aiut:
2045 „E! gentils cuens, vaillants hoem, u ies tu?
Unques nen oi pour la u tu fus.
Ço est Gualters, qui cunquist Maelgut,
li nies Droun a l' vieill e a l' chanut,
pur vasselage soleie estre tis druts.
2050 Ma hanste est fraite e perciets mis escuts,
e mis halsbercs desmailets e rumputs,
par mi le cors d' uit espiets sui feruts;
sempres morrai, mais chier me sui venduts."
A icel mot l'at Rolands entendut,
2055 le cheval brochet, si vient puignant vers lui.
Rolands at doel, si fut maltalentifs, 152
en la grand presse cumencet a ferir;
de cels d'Espaigne en at jetet morts vint,
e Gualters sis, e l'arcevesques cinc,
2060 dient paien: „Feluns humes at ci!
Guardez, seignur, que il n'en algent vif!
Tut par seit fel qui ne l's vait envair,
e recreant qui les lerrat guarir!"
Dunc recumencent e le hu e le cri,
2065 de tutes parts le revunt envair.
Li cuens Rolands fut nobiles guerriers, 153

Gualters de l' Hum est bien bons chevaliers,
li arcevesques prusdoem e essaiets;
li uns ne volt l'altre nient laissier,
2070 en la grand presse i fierent as paiens.
Mil Sarazin i descendent a pied,
e a cheval sunt quarante milier.
Mien escientre, ne l's osent aproismier;
il lancent lur e lances e espiets
2075 vigres e dards e museras e jiets.
As premiers colps i unt ocis Gualtier,
Turpin de Reims tut sun escut perciet,
quasset sun helme, si l' unt nafret el' chief,
e sun halsberc rumput e desmailiet,
2080 par mi le cors nafret de quatre espiets;
dedesuz lui ocient sun destrier.
Or est grand doel, quand l'arcevesques chiet.
Turpins de Reims quand se sent abatut, 154
de quatre espiets par mi le cors ferut,
2085 isnelement li ber resaillit sus;
Roland reguardet, puis si li est curut,
e dist un mot: „Ne sui mie vencuts;
ja bons vassals nen iert vifs recreuts."
Il trait Almace, s'espee d' acier brun,
2090 en la grand presse mil colps i fiert e plus;
puis le dist Charles qu'il n'en espargnat nul,
tels quatre cents i truvet entur lui,
alquants nafrets, alquants par mi feruts,
si out d'icels qui les chiefs unt perduts,
2095 ço dit la geste e cil qui el' champ fut,
li ber saints Gilies, pur qui Deus fait vertuts,
e fist la chartre el' mustier de Loun;
qui tant ne sait ne l' at prud entendut.
Li cuens Rolands gentement se cumbat; 155
2100 mais le cors at tressuet e mult chald,
en la teste at e dolur e grand mal,
rumpit li temples pur ço que il cornat;
mais saveir volt se Charles i vendrat,

trait l'olifant, fieblement le sunat.
2105 Li emperere s'estut, si l' escultat.
„Seignur," dist-il, „mult malement nus vait!
Rolands mis nies hui cest jur nus defalt:
J' oi a l' corner que guaires ne vivrat.
Qui estre i voelt, isnelement chevalst!
2110 Sunez voz graisles tants que en ceste host at!"
Seissante milie en i cornent si halt,
sunent li munt e respundent li val.
Paien l'entendent, ne l' tindrent mie en gab;
dit l'uns a l' altre: „Charlun avrums-nus ja."
2115 Dient paien: „L'emperere repairet, 156
de cels de France odums suner les graisles;
se Charles vient, de nus i avrat perte.
Se Rolands vit, nostre guerre novelet,
perdut avums Espaigne nostre terre."
2120 Tels quatre cents s'en asemblent a helmes
e des meillurs qui el' champ cuient estre,
a Roland rendent un estur fort e pesme;
or at li cuens endreit asez que faire.
Li cuens Rolands quand il les veit venir, 157
2125 tant se fait fort e fier e manevit,
ne lasserat, tant cum il serat vifs.
Siet el' cheval qu'um claimet Veillantif,
brochet le bien des esporuns d'or fin,
en la grand presse les vait tuts envair,
2130 ensemble od lui l'arcevesques Turpins.
Dist l'uns a l' altre: „Ça vus traiez, amis!
De cels de France les corns avums oït;
Charles repairet, li reis poesteifs."
Li cuens Rolands unques n'amat cuard, 158
2135 ne orguillus ne hume a male part,
ne chevalier, s' il ne fust bons vassals.
Le arcevesque Turpin en apelat:
„Sire, a pied estes, e jo sui a cheval;
pur vostre amur ici prendrai estal,
2140 ensemble avrums e le bien e le mal,

　　　　ne vus lerrai　　pur nul hume de char;
　　　　encui rendrums　a paiens cest asalt;
　　　　colp des meillurs　sunt cil de Durendal."
　　　　Dist l'arcevesques:　„Fel qui bien n'i ferrat!
2145　Charles repairet,　qui bien nus vengerat."
　　　　Dient paien:　„Si mare fumes net!　　　　159
　　　　cum pesmes jurs　nus est hui ajurnets!
　　　　perduts avums　noz seignurs e noz pers.
　　　　Charles repairet　od sa grand host, li ber,
2150　de cels de France　odums les graisles clers,
　　　　grands est la noise　de Munjoie escrier.
　　　　Li cuens Rolands　est de tant grand fiertet
　　　　ja n'iert vencuts　pur nul hume charnel;
　　　　lançums a lui,　puis si l' laissums ester!"
2155　E il si firent　dards e vigres asez,
　　　　espiets e lances　e museras penets;
　　　　l'escut Roland　unt frait e estroet,
　　　　e sun halsberc　rumput e desmailet,
　　　　mais enz el' cors　ne l' unt mie adeiset;
2160　Veillantif unt　en trente lius nafret,
　　　　desuz le cunte　si l'i unt mort laisset.
　　　　Paien s'en fuient,　puis si l' laissent ester;
　　　　li cuens Rolands　i est a pied remes.
　　　　Paien s'en fuient　coruçus e iriet,　　　　160
2165　envers Espaigne　tendent de l' espleitier.
　　　　Li cuens Rolands　ne l's at dunc enchalciets,
　　　　perdut i at　Veillantif sun destrier,
　　　　voeillet o nun,　remes i est a pied.
　　　　A l' arcevesque　Turpin alat aidier,
2170　sun helme a or　li deslaçat de l' chief,
　　　　si li tolit　le blanc halsberc legier,
　　　　e sun blialt　li at tut detrenchiet,
　　　　en ses grands plaies　les pans li at buitiets,
　　　　cuntre sun piz　puis si l' at embraciet,
2175　sur l'herbe vert　puis l'at suef culchiet.
　　　　Mult dulcement　li at Rolands preiet:
　　　　„E! gentils hoem,　car me dunez cungiet!

Nos cumpaignun, que oumes tant chiers,
or sunt-il mort, ne l's i devums laissier;
2180 jo l's voeill aler e qu`rre e entercier,
dedevant vus juster e enrengier."
Dist l'arcevesques: „Alez e repairiez.
Cist champs est vostre, mercid Deu! e le mien."
Rolands s'en turnet, par le champ vait tut suls, 161
2185 cerchet les vals e si cerchet les munts;
iloec truvat Ivorie e Ivun,
2186 truvat Gerin, Gerer sun cumpaignun,
e si truvat Berengier e Otun,
2188 iloec truvat Anseis e Samsun,
iloec truvat Engelier le Guascuign,
2189 truvat Gerard le vieill de Russillun;
2190 par un e un il at pris les baruns,
a l'arcevesque en est venuts atut,
si l's mist en reng dedevant ses genuils.
Li arcevesques ne poet muer n'en plurt,
lievet sa main, fait sa beneiçun;
2195 apres at dit: „Mare fustes, seignur!
Tutes voz anmes ait Deus li gluriüs!
en pareis les metet en ses flurs!
La meie morts me rent si anguissus,
ja ne verrai le riche empereur."
2200 Rolands s'en turnet, le champ vait recerchier. 162
Sun cumpaignun at truvet Olivier,
cuntre sun piz estreit l'at embraciet;
si cum il poet a l'arcevesque en vient,
sur un escut l'at as altres culchiet;
2205 e l'arcevesques l' at asols e seigniet.
Idunc agreget le doel e la pitiet.
Ço dit Rolands: „Bels cumpaign Oliviers,
vus fustes fils a l' bon cunte Reinier,
qui tint la marche de l' val de Runīers;
2210 pur hanste fraindre e pur escuts percier,
pur orguillus e veintre e esmaier,
2212 e pur prusdumes tenir e conseiller,

2214 en nule terre n'out meillur chevalier."
2215 Li cuens Rolands, quand il veit morts ses pers 163
　　　e Olivier, qu'il tant poeit amer,
　　　tendrur en out, cumencet a plurer,
　　　en sun visage fut mult descolurets;
　　　si grand doel out que mais ne pout ester,
2220 voeillet o nun, a terre chiet pasmets.
　　　Dist l'arcevesques: „Tant mare fustes, ber!"
　　　Li arcevesques, quand vit pasmer Roland, 164
　　　dunc out tel doel, unques mais n'out si grand;
　　　tendit sa main, si at pris l'olifant.
2225 En Rencesvals at une eve curant;
　　　aler i volt, si'n durrat a Roland.
　　　Sun petit pas s'en turnet chancelant,
　　　il est si fieble qu'il ne poet en avant,
　　　nen at vertut, trop at perdut de l' sang;
2230 ainz qu'um alast un sul arpent de champ,
　　　falt li li coers, si est chaeits avant,
　　　la sue mort li vait mult anguissant.
　　　Li cuens Rolands revient de pasmeisuns, 165
　　　sur pieds se drecet, mais il at grand dolur;
2235 guardet aval e si guardet amunt;
　　　sur l'herbe vert, ultre ses cumpaignuns,
　　　là veit jesir le nobile barun,
　　　ç' est l'arcevesques, que Deus mist en sun num;
　　　claimet sa culpe, si reguardet amunt,
2240 cuntre le ciel amsdous ses mains at juint,
　　　si priet Deu que pareis li duinst.
　　　Morts est Turpins li guerreiers Charlun.
　　　Par grands batailles e par mult bels sermuns
　　　cuntre paiens fut tuts tems champiuns.
2245 Deus li otreit sainte beneiçun!
　　　Li cuens Rolands veit l'arcevesque a terre, 166
　　　defors sun cors veit jesir la boele,
　　　desuz le frunt li buillit la cervele;
　　　desur sun piz, entre les dous furceles,
2250 cruisedes at ses blanches mains, les beles.

Forment le plaint a la lei de sa terre:
„E! gentils hoem, chevaler de bon aire,
hui te cumand a l' glurius celeste;
jamais n'iert hum plus volenters le servet,
2255 dès les apostles ne fut unc tels prophetes
pur lei tenir e pur humes atraire.
Ja la vostre anme nen ait doel ne sufraite!
de pareis li seit la porte overte!"
    Ço sent Rolands que la morts li est pres, 167
2260 par les oreilles fors s'en ist li cervels;
de ses pers priet a Deu que les apelt,
e puis de lui a l' angele Gabriel.
Prist l'olifant, que reproce n'en ait,
e Durendal s'espee en l'altre main;
2265 plus qu' arcbaleste ne poet traire un quarrel,
devers Espaigne en vait en un guaret;
muntet un tertre; desuz dous arbres bels
quatre perruns i at de marbre faits;
sur l'herbe vert si est chaeits envers,
2270 là s'est pasmets, car la morts li est pres.
    Halt sunt li pui e mult halt sunt li arbre. 168
Quatre perruns i at luisants de marbre;
sur l'herbe vert li cuens Rolands se pasmet.
Uns Sarazins tute veie l'esguardet,
2275 si se feinst mort, si jist entre les altres,
de l' sang luat sun cors e sun visage;
met sei en pieds e de curre se hastet;
bels fut e forts e de grand vasselage;
par sun orguill cumencet mortel rage,
2280 Roland saisit e sun cors e ses armes,
e dist un mot: „Vencuts est li nies Charle,
iceste espee porterai en Arabe."
En cel tirer li cuens s'aperçut alques.
    Ço sent Rolands que s'espee li tolt, 169
2285 ovrit les oels, si li at dit un mot:
„Mien escientre, tu n'ies mie des noz!"
Tient l'olifant, qu' unques perdre ne volt,

si l' fiert en l'helme, qui gemets fut a or,
fruisset l'acier e la teste e les os,
2290 amsdous les oels de l' chief li at mis fors,
jus a ses pieds si l'at tresturnet mort;
apres li dit: „Culverts, cum fus si os
que me saisis, ne a dreit ne a tort?
Ne l' orrat hum ne t'en tienget pur fol.
2295 Fenduts en est mis olifants el' gros,
chauts en est li cristals e li ors."

Ço sent Rolands a perdut la veue, 170
met sei sur pieds, quantqu'il poet s'esvertuet;
en sun visage sa colur at perdue.
2300 Dedevant lui at une pierre dure;
dis colps i fiert par doel e par rancune,
cruist li aciers, ne fraint ne ne s' esgruignet;
e dist li cuens: „Sainte Marie, aiue!
E! Durendal, bone, si mare fustes!
2305 quand jo n'ai prud, de vus nen ai mais cure!
tantes batailles en champ en ai vencues,
e tantes terres larges escumbatues,
que Charles tient, qui la barbe at chanue!
ne vus ait hum qui pur altre s'en fuiet!
2310 mult bons vassals vus at lung tems tenue!
jamais n'iert tels en France l'asolue."

Rolands ferit el' perrun de sardanie; 171
cruist li aciers, ne briset ne n'esgraniet.
Quand il ço vit que n'en pout mie fraindre,
2315 a sei meisme. la cumencet a plaindre:
„E! Durendal, cum ies e clere e blanche!
cuntre soleill si luises e reflambes!
Charles esteit es vals de Moriane,
quand Deus de l' ciel li mandat par sun angele
2320 qu'il te dunast a un cunte chataigne;
dunc la me ceinst li gentils reis, li magnes.
Jo l'en cunquis e Anjou e Bretaigne,
si l'en cunquis e Peitou e la Maine,
jo l'en cunquis Normandie la franche,

2325 si l'en cunquis   Provence e Aquitaigne,
     e Lumbardie   e trestute Romanie,
     jo l'en cunquis   Baiviere e tute Flandre,
     e la Burguigne   e trestute Puillanie,
     Custantinoble,   dunt il out la fiance,
2330 e en Saisunie   fait-il ço qu'il demandet;
     jo l'en cunquis   Guales, Escoce, Islande,
     e Angleterre   que il teneit sa chambre;
     cunquis l'en ai   païs e terres tantes,
     que Charles tient, qui at la barbe blanche!
2335 Pur ceste espee   ai dolur e pesance,
     miels voeill morir   qu'entre paiens remaignet.
     Damnes Deus peres, n'en laissier hunir France!"
     Rolands ferit   en une pierre bise,   172
     plus en abat   que jo ne vus sai dire.
2340 L'espee cruist,   ne fruisset ne ne briset,
     cuntre le ciel   amunt est resortie.
     Quand veit li cuens que ne la fraindrat mie,
     mult dulcement   la plainst a sei meisme:
     „E! Durendal,   cum ies bele e saintisme!
2345 en l'orie pund   asez i at reliques:
     la dent saint Pierre e de l' sang saint Basilie,
     e des chevels   mun seignur saint Denise,
     de l' vestement   i at sainte Marie;
     il nen est dreits que paien te baillissent,
2350 de Chrestiens   devez estre servie.
     Ne vus ait hum   qui facet cuardie!
     Mult larges terres de vus avrai cunquises
     que Charles tient, qui la barbe at flurie;
     li emperere   en est e ber e riches."
2355 Ço sent Rolands   que la morts le trespent, 173
     devers la teste   sur le coer li descent;
     desuz un pin   i est alets curant,
     sur l'herbe vert s'i est culchets adents;
     desuz lui met   s'espee e l'olifant,
2360 turnat sa teste   vers la paiene gent,
     pur ço l'at fait que il voelt veirement

                que Charles diet   e trestute sa gents,
                li gentils cuens   qu'il fut morts cunquerant;
                claimet sa culpe   e menut e suvent,
        2365   pur ses pechiets   Deu purofrit le guant.
                    Ço sent Rolands   de sun tems n'i at plus; 174
                devers Espaigne   jist en un pui agut,
                a l' une main   si at sun piz batut:
                „Deus! meie culpe   vers les tues vertuts
        2370   de mes pechiets,   des grands e des menuts,
                que jo ai faits   dès l'hure que nets fui
                tresqu'a cest jur   que ci sui consuuts!"
                Sun destre guant   en at vers Deu tendut;
                angele del ciel   i descendent a lui.
        2375   Li cuens Rolands   se jut desuz un pin,   175
                envers Espaigne   en at turnet sun vis,
                de plusurs choses   a remembrer li prist:
                de tantes terres   cume li ber cunquist,
                de dulce France,   des humes de sun lign,
        2380   de Charlemagne,   sun seignur, qui l' nurrit.
                Ne poet muer   n'en plurt e ne suspirt.
                Mais lui meisme   ne volt metre en obli,
                claimet sa culpe,   si priet Deu mercid:
                „Veire paterne,   qui unques ne mentis,
        2385   saint Lazarun   de mort resurrexis,
                e Daniel   des leuns guaresis,
                guaris de mei   l'anme de tuts perils
                pur les pechiets   que en ma vie fis!"
                Sun destre guant   a Deu en purofrit,
        2390   saints Gabriels   de sa main le at pris.
                Desur sun bras   teneit le chief enclin,
                juintes ses mains   est alets a sa fin.
                Deus li tramist   ses angeles cherubins,
        239⅘   ensemble od els   saint Michiel de l' peril,
                l'anme del cunte   portent en pareis.
                    Morts est Rolands, Deus en at l'anme es ciels. 176
                Li emperere   en Rencesvals parvient.
                Il nen i at   ne veie ne sentier,

2400 ne voide terre ne alne ne plein pied,
que il n'i ait o Franceis o paien.
Charles escriet: „U estes vus, bels nies?
E l'arcevesques e li cuens Oliviers?
U est Gerins e sis cumpaign Geriers?
2405 U est dux Otes e li cuens Berengiers,
Ives, Ivorie, que j' aveie tant chiers?
Qu' est devenuts li Guascuins Engeliers,
Samsuns li dux e Anseis li fiers?
U est Gerards de Russillun li viels?
2410 Li duze per que j' aveie laissiets?"
De ço cui chalt! car nuls respuns n'en iert.
„Deus," dist li reis, „tant me pois esmaier
que jo ne fui a l' estur cumencier!"
Tiret sa barbe cum hum qui est iriets.
2415 Plurent des oels si barun chevalier,
encuntre terre se pasment vint milier,
Naimes li dux en at mult grand pitiet.
Il nen i at chevalier ne barun
que de pitiet mult durement ne plurt;
2420 plurent lur fils, lur freres, lur nevuds
e lur amis e lur liges seignurs;
encuntre terre se pasment li plusur.
Naimes li dux d'iço at fait que pruds,
tut premerains at dit l'empereur:
2425 „Veez avant de dous liues de nus,
vedeir poez les grands chemins puldrus,
qu' asez i at de la gent paienur.
Car chevalchiez; vengiez ceste dolur!"
„E Deus!" dist Charles, „ja sunt il là si luins!
2430 Cunsentez mei e dreiture e honur!
De France dulce m'unt tolue la flur."
Li reis cumandet Gebuin e Otun,
Tedbald de Reims e le cunte Milun:
„Guardez le champ e les vals e les munts,
2435 Laissiez jesir les morts tut cum il sunt,
que n'i adeist ne beste ne leuns,
ne n'i adeisent escuier ne garçun,

```
           jo vus defend      que n'i adeist nuls hum,
           jusque Deus voeille   qu'en cest champ revengums."
      2440 E cil respundent    dulcement par amur:
           „Dreits emperere,   chiers sire, si ferums."
           Mil chevaliers   i retienent des lur.
              Li emperere   fait ses graisles suner,           178
           puis si chevalchet    od sa grand host li ber.
      2445 De cels d'Espaigne   unt les esclos truvets,
           tienent l'enchals,   tuit en sunt cumunel.
           Quand veit li reis   le vespre decliner,
           sur l'herbe vert   descent-il en un pret,
           culchiets a terre   si priet damne Deu
      2450 que le soleil    facet pur lui rester,
           la nuit targier    e le jur demurer.
           Ais li un angele   qui od lui soelt parler,
           isnelement     si li at cumandet:
           „Charle, chevalche!   car tei ne falt clartets.
      2455 La flur de France   as perdut, ço sait Deus;
           vengier te poeds    de la gent criminel."
           A icel mot     l'emperere est muntets.
              Pur Charlemagne  fist Deus vertuts mult grands; 179
           car li soleils    est remes en estant.
      2460 Paien s'en fuient,    bien les enchalcent Franc;
           el' Val Tenebres,   là les vunt ataignant;
           vers Saragusse    les enchalcent ferant,
           a colps pleniers    les en vunt ociant,
           tolent lur veies    e les chemins plus grands.
      2465 L'eve de Sebre    ele lur est devant,
           mult est parfunde,   merveilluse e curants;
           il ni at barge    ne dromun ne chaland.
           Paien reclaiment    un lur deu Tervagan,
           puis saillent enz,   mais il n'i unt guarant.
      2470 Li adubet     en sunt li plus pesant,
           envers le funds    s'en turnerent alquant,
           li altre en vunt    encuntreval flotant,
           li miels guarit    en unt bout itant,
           tuit sunt neiet    par merveillus ahan.
```

2475 Franceis escrient: „Mar veistes Roland!"
 Quand Charles veit que tuit sunt mort paien, 180
alquant ocis e li plusur neiet,
mult grand eschec en unt si chevalier,
li gentils reis descenduts est a pied,
2480 culchiets a terre si'n at Deu graciet.
 Quand il se drecet, li soleils est culchiets.
Dist l'emperere: „Tems est de l' herbergier,
en Rencesvals est tard de l' repairier.
Nos cheval sunt e las e ennuiet;
2485 tolez les seles, les freins qu'il unt es chiefs,
e par cets prets les laissiez refreidier."
Respundent Franc: „Sire, vus dites bien."
 Li emperere at prise sa herberge; 181
Franceis descendent en la terre deserte,
2490 a lur chevals unt toleites les seles,
les freins a or lur metent jus des testes,
livrent lur prets, asez i at fresche herbe,
d'altre cunreid ne lur poent plus faire.
Qui mult est las il se dort cuntre terre.
2495 Icele nuit n'unt unques eschalguaite.
 Li emperere s'est culchiets en un pret, 182
sun grand espiet met a sun chief li ber;
icele nuit ne s' volt-il desarmer,
si at vestut sun blanc halsberc safret,
2500 laciet sun helme qui est a or gemets,
ceinte Joiuse, unques ne fut sa per,
qui chascun jur muet trente clartets.
Asez savums de la lance parler
dunt nostre Sire fut en la cruis nafrets:
2505 Charles en at l'amure, mercid Deu!
En l'oret pund l'at faite manovrer.
Pur ceste honur e pur ceste bontet
li nums Joiuse l'espee fut dunets.
Baruns franceis ne l' deivent oblier,
2510 enseigne en unt de Munjoie crier;
pur ço ne l's poet nule gents cuntrester.

Clere est la nuits   e la lune luisants.   183
Charles se jist,   mais doel at de Roland,
e d' Olivier   li peiset mult forment,
2515 des duze pers,   de la franceise gent,
qu'en Rencesvals   at laissiet morts sanglents;
ne poet muer   n'en plurt e ne s' desment,
e priet Deu   qu'as anmes seit guarants.
Las est li reis,   car la peine est mult grands,
2520 endormits est,   ne pout mais en avant.
Par tuts les prets   or se dorment li Franc;
n'i at cheval   qui poisset estre estant,
qui herbe voelt   il la prent en jisant.
Mult at apris   qui bien conuist ahan.
2525 Charles se dort   cume hum travailliets.   184
Saint Gabriel   li at Deus enveiet,
l'empereur   li cumandet guaitier;
li angeles est   tute nuit a sun chief.
Par visiun   il li at anunciet
2530 d'une bataille   qui encuntre lui iert,
senefiance   l'en demustrat mult grief.
Charles guardat   amunt envers le ciel,
veit les tuneires   e les vents e les giels
e les orets,   les merveillus tempiers,
2535 e fous e flambe   i est apareilliets,
isnelement   sur tute sa gent chiet;
ardent cets hanstes   de fraisne e de pumier
e cets escuts   jusqu'as bucles d'or mier,
fruissent cets hanstes   de cets trenchants espiets,
2540 cruissent halsbercs   e cets helmes d'acier.
En grand dolur   i veit ses chevaliers.
Urs e leupard   les voelent puis mangier;
serpents e guivres,   draguns e aversiers,
grifuns i at   plus de trente miliers,
2545 n'en i at cel   a Franceis ne se jiet.
E Franceis crient: „Charlemagne, aidiez!"
Li reis en at   e dolur e pitiet,
aler i volt,   mais il at desturbier:

	devers un gualt	uns grands leuns li vient,
2550	mult eret pesmes	e orguillus e fiers;
	sun cors meisme	i asalt e requiert,
	a bras se prenent	ambedui pur luitier;
	mais ço ne sait	quels abat ne quels chiet.
	Li emperere	ne s'est mie esveilliets.

2555 Apres icele vient altre avisiuns, 185
qu' eret en France ad Ais a un perrun;
en dous chaeines si teneit un brohun;
devers Ardene veeit venir trente urs,
chascuns parolet altresi cume hum,
2560 diseient li: „Sire, rendez le nus!
Il nen est dreits que il seit mais od vus,
nostre parent devums estre a sucurs."
De sun palais vers els uns veltres curt,
entre les altres asaillit le graignur
2565 sur l'herbe vert ultre ses cumpaignuns.
Là vit li reis si merveillus estur;
mais ço ne sait liquels veint ne quels nun.
Li angeles Deu ço mustret a i' barun.
Charles se dort tresqu'a l' main a l' cler jur.
2570 Li reis Marsilies s'en fut en Saragusse, 186
suz une olive est descenduts en l'umbre;
s'espee rent e sun helme e sa brunie,
sur la vert herbe mult laidement se culchet;
la destre main at perdue trestute,
2575 de l' sang qu'en ist se pasmet e anguisset.
Dedevant lui sa muillers Bramimunde
pluret e criet, mult forment se doluset,
ensembl'od lui plus de vint milie humes,
qui tuit maldient Charlun e France dulce.
2580 Ad Apolin current en une crute,
tencent a lui, laidement l'espersunent:
„E! malvais Deus! pur quei nus fais tel hunte?
Cest nostre rei pur quei laissas cunfundre?
Qui mult te sert, malvais luer l'en dunes!"
2585 Puis si li tolent sun sceptre e sa corune,

```
       par mains le pendent    desur une columne,
       entre lur pieds      a terre le tresturnent,
       a grands bastuns     le batent e defruissent.
       E Tervagan     tolent sun escarbuncle,
2590   e Mahumet      enz en un fosset butent,
       e porc e chien    le mordent e defulent.
          De pasmeisuns    en est venuts Marsilies,         187
       fait sei porter   en sa chambre voltice;
       plusurs colurs    at peintes e escrites.
2595   E Bramimunde    le pluret la reine,
       trait ses chevels,   si se claimet chaitive
       a l' altre mot,    mult haltement s'escriet:
       „E! Saragusse,    cum ies hui desguarnie
       De l' gentil rei,    qui t'aveit en baillie!
2600   Li nostre Deu     i unt fait felunie,
       qui en bataille    hui matin le faillirent.
       Li amirals     i ferat cuardie,
       s'il ne cumbat    a cele gent hardie,
       qui si sunt fier   n'unt cure de lur vies.
2605   Li emperere    od la barbe flurie
       vasselage at    e mult grand estultie;
       s'il at bataille,    il ne s'en fuirat mie.
       Mult est grands doels    que nen est qui l' ociet."
          Li emperere    par sa grand poestet           188
2610   set ans tuts pleins    at en Espaigne estet;
       prent i chastels    e alquantes citets.
       Li reis Marsilies    s'en purchacet asez;
       a l' premier an    fist ses brefs seieler,
       en Babilunie    Baligant at mandet —
2615   ç' est l'amirals    li viels d'antiquitet,
       tut survesquit    e Virgilie e Homer, —
       en Saragusse    alt sucurre li ber,
       e, se ne l' fait,    il guerpirat ses Deus,
       tutes ses idles    que il scelt aurer,
2620   si recevrat    sainte Chrestientet,
       a Charlemagne    se voldrat acorder.
       E cil est luins,    si at mult demuret.
```

Mandet sa gent de quarante regnets;
ses grands dromuns en at fait aprester,
2625 eschies e barges e galies e nefs;
suz Alexandre at un port juste mer,
tut sun navilie i at fait aprester.
Ço est en mai, a l' premier jur d'estet,
tutes ses hots at empeintes en mer.
2630 Grand sunt les host de cele gent averse, 189
siglent a fort e nagent e guvernent.
En sum cets mats e en cets haltes vernes
asez i at carbuncles e lanternes;
là sus amunt parjie tent tel luiserne
2635 par mi la nuit la mer en est plus bele.
E cum il vienent en Espaigne la terre,
tuts li païs en reluist e esclairet;
jusqu'a Marsilie en parvunt les noveles.
Gent paienur ne voelent cesser unques, 190
2640 issent de mer, vienent as eves dulces;
laissent Marbrise e si laissent Marbruse,
par Sebre amunt tut lur navirie turnent.
Asez i at lanternes e carbuncles,
tute la nuit mult grand clartet lur dunent.
2645 A icel jur vienent a Saragusse.
Clers est li jurs e li soleils luisants. 191
Li amirals est eissuts de l' chaland,
Espaneiits fors le vait adestrant,
dis e set rei apres le vunt sivant,
2650 cuntes e ducs i at bien ne sai quants.
Suz un lorier, qui est en mi un champ,
sur l'herbe vert jictent un palie blanc,
un faldestoed i unt mis d'olifant;
desur s'asiet li paiens Baligants,
2655 e tuit li altre sunt remes en estant.
Li sire d'els premiers parlat avant:
„Ore m'oiez, franc chevalier vaillant!
Charles li reis, l'emperere des Francs,
ne deit mangier, se jo ne li cumand.

2660 Par tute Espaigne   m'at fait guerre mult grand;
     en France dulce   le voeill aler querant,
     ne finerai   en trestut mun vivant,
     jusqu'il seit morts   o tut vifs recreants."
     Sur sun genuill   en fiert sun destre guant.
2665   Puisqu'il l'at dit,   mult s'en est afichiets   192
     que ne lerrat   pur tut l'or desuz ciel
     qu'il alt ad Ais   u Charles soelt plaidier.
     Si hume l' lodent,   si li unt cunseilliet.
     Puis apelat   dous de ses chevaliers,
2670 l'un Clarifan   e l'altre Clarīen:
     „Vus estes fils   a l' rei Maltraīen,
     qui soleit faire   messages volentiers.
     Jo vus cumand   qu'en Saragusse aliez;
     Marsiliun   de meie part nunciez,
2675 cuntre Franceis   li sui venuts aidier,
     se jo truis host,   mult grand bataille i iert;
     si l'en dunez   cest guant a or pleīet,
     el' destre puign   si li faites chalcier,
     si li portez   cest bastuncel d'or mier,
2680 e a mei vienget   reconuistre sun fieud.
     En France irai   pur Charle guerreīer;
     s'en ma mercid   ne se culst a mes pieds
     e ne guerpisset   la lei de Chrestīens,
     jo li toldrai   la corune de l' chief."
2685 Paien respundent: „Sire, mult dites bien."
         Dist Baligants: „Car chevalchiez, barun,   193
     l'uns port le guant,   li altres le bastun!"
     E cil respundent: „Chiers sire, si ferums."
     Tant chevalcherent   qu' en Saragusse sunt,
2690 passent dis portes,   traversent quatre punts,
     tutes les rues,   u li burgeis estunt.
     Cum il aproisment   en la citet amunt,
     vers le palais   oirent grand fremur;
     asez i at   de la gent paienur,
2695 plurent e crient,   demeinent grand dolur,
     plaignent lur Deus   Tervagan e Mahum

e Apolin, dunt il mie nen unt.
Dit l'uns a l' altre: „Chaitifs! que devendruns?
Nus est venue male cunfusiun,
2700 perdut avums le rei Marsiliun,
li cuens Rolands li trenchat hier le puign,
nus n'avums mie de Jurfaleu le blund;
trestute Espaigne iert hui en lur bandun."
Li dui message descendent a l' perrun.
2705 Lur chevals laissent dedesuz une olive, 194
dui Sarazin par les resnes les pristrent,
e li message par les mantels se tindrent,
puis sunt muntet sus el' palais altisme.
Cum il entrerent en la chambre voltice,
2710 par bel amur Marsilie saluts firent:
„Cil Mahumets, qui nus at en baillie,
e Tervagans e Apolins nos sire
salvent le rei e guardent la reine!"
Dist Bramimunde: „Or oi mult grand folie:
2715 cist nostre Deu sunt en recreantise,
en Rencesvals malvaises vertuts firent,
noz chevaliers i unt laisset ocire,
cest mien seignur en bataille faillirent,
le destre puign at perdut, n'en at mie,
2720 si li trenchat li cuens Rolands li riches.
Trestute Espaigne at Charles en baillie.
Que devendrai, doluruse, chaitive?
Lasse! que n' ai un hume qui m'ociet!"
Dist Clariens: „Dame, ne parlez tant! 195
2725 Message sumes a l' paien Baligant;
Marsiliun, ço dit, serat guarants,
si l'en enveiet sun bastun e sun guant.
En Sebre avums quatre milie chalands,
eschies e barges e galees curants;
2730 dromuns i at ne vus sai dire quants.
Li amirals est riches e poissants,
en France irat Charlemagne querant,
rendre le cuidet o mort o recreant."

Dist Bramimunde: „Mar en irat itant!
2735 Plus pres d'ici porrez truver les Francs;
en ceste terre at estet ja set ans.
Li emperere est ber e cumbatants,
miels voelt morir que ja fuiet de champ;
suz ciel n'at rei qu'il prist a un enfant.
2740 Charles ne crient hume qui seit vivant."
„Laissiez c'ester," dist Marsilies li reis; 196
dist as messages: „Seignur, parlez a mei.
Ja veez vus que a mort sui destreits.
Jo si nen ai fils ne fille ne heir;
2745 un en aveie, cil fut ocis hier seir.
Mun seignur dites qu'il me vienget veeir.
Li amirals at en Espaigne dreit,
quite li claim, se il la voelt aveir;
puis la defendet encuntre les Franceis.
2750 Vers Charlemagne li durrai bon cunseill,
cunquis l'avrat d'hui cest jur en un meis.
De Saragusse les clefs li portereiz,
puis si li dites, cil n'en irat, se m' creit."
E cil respundent: „Sire, vus dites veir."
2755 Ço dist Marsilies: „Charles li emperere 197
morts m' at mes humes, ma terre deguastee,
e mes citets fraites e violees;
il jut anuit sur cele eve de Sebre,
jo ai cuntet n'i at que set liuees.
2760 L'amiraill dites que sun host i amenet;
par vus li mand, bataille i seit justee."
De Saragusse les clefs lur at livrees.
Li messagier ambedui l'enclinerent,
prenent cungiet, a cel mot s'en turnerent.
2765 Li dui message es chevals sunt muntet, 198
isnelement issent de la citet,
a l' amiraill en vunt tut esfreet,
de Saragusse li presentent les clefs.
Dist Baligants: „Que avez vus truvet?
2770 U est Marsilies que j' aveie mandet?"

Dist Clariens: „Il est a mort nafrets,
li emperere fut hier as ports passer,
si s'en voleit en dulce France aler;
par grand honur se fist rere-guarder:
2775 li cuens Rolands, sis nies, i fut remes,
e Oliviers e tuit li duze per,
de cels de France vint milie adubet.
Li reis Marsilies s'i cumbatit, li ber;
il e Rolands el' champ furent justet,
2780 de Durendal li dunat un colp tel
le destre puign li at de l' cors sevret,
sun fils at mort qu'il tant soleit amer,
e les baruns qu'il i out amenets:
fuiant s'en vint, qu'il n'i pout mais ester.
2785 Li emperere l'at enchalciet asez.
Li reis vus mandet que vus le sucurez,
quite vus claimet d'Espaigne le regnet."
E Baligants cumencet a penser,
si grand doel at pur poi qu'il n'est desvets.
2790 „Sire amirals," ço li dist Clariens,
„en Rencesvals une bataille out hier.
Morts est Rolands e li cuens Oliviers,
li duze per, que Charles aveit chiers,
de lur Franceis i at morts vint miliers.
2795 Li reis Marsilies le puign destre at laissiet,
e l'emperere asez l'at enchalciet.
En ceste terre n'est remes chevaliers
ne seit ocis o en Sebre neiets.
Desur la rive sunt Franceis herbergiet;
2800 en cest païs nus sunt tant aprociet,
se vus volez, li repaires iert griefs."
E Baligants le reguard en at fier,
e sun corage en est joius e liets;
del faldestoed se redrecet en pieds,
2805 puis si escriet: „Barun, ne vus targiez,
eissiez des nefs, muntez, si chevalchiez!
Se or ne fuit Charlemagnes li viels,

199

li reis Marsilies encui serat vengiets;
pur sun puign destre l'en liverai le chief."
2810 Paien d'Arabe des nefs se sunt eissut, 200
puis sunt muntet es chevals e es muls,
si chevalcherent — que fereient-il plus? —
Li amirals qui trestuts les esmut,
si'n apelat Gemalfin un soen drut:
2815 „Jo te cumand tutes mes hots aun."
Puis est muntets en un soen destrier brun,
ensembl'od lui enmeinet quatre ducs.
Tant chevalchat qu'en Saragusse fut.
A un perrun de marbre est descenduts,
2820 e quatre cuntes l'estreu li unt tenut,
par les degreds el' palais muntet sus;
e Bramimunde vient curant cuntre lui,
si li at dit: „Dolent! si mare fui!
A itel hunte mun seignur ai perdut!"
2825 Chiet li as pieds, l' amirals la reçut.
Sus en la chambre od doel en sunt venut.
Li reis Marsilies cum il veit Baligant, 201
dunc apelat dous Sarazins espans:
„Pernez m'as bras, si m' drecez en seant."
2830 A l' puign senestre at pris un de ses guants;
ço dist Marsilies: „Sire reis amirants,
mes terres tutes e mes regnes vus rend,
e Saragusse e l'honur qu'i apent.
Mei ai perdut e trestute ma gent."
2835 E cil respunt: „Tant sui-jo plus dolents.
Ne pois a vus tenir lung parlement,
jo sai asez que Charles ne m'atent,
e nepurquant de vus receif le guant."
A l' doel qu'il at s'en est turnets plurant.
2840 Par les degreds jus de l' palais descent,
El' cheval muntet, vient a sa gent puignant,
tant chevalchat qu'il est premiers devant;
d'hures ad altres si se vait escriant:
„Venez, paien, car ja s'en fuient Franc!"

2845 A l' matinet, quand primes apert l'albe, 202
esveillets est li emperere Charles.
Saints Gabriels, qui de part Deu le guardet,
levet sa main, sur lui fait sun signacle.
Li reis se drecet, si at rendut ses armes,
2850 si se desarment par tute l'host li altre.
Puis sunt muntet, par grand vertut chevalchent
cets veies lunges e cets chemins mult larges;
si vunt vedeir le merveillus damage
en Rencesvals là u fut la bataille.

2855 En Rencesvals en est Charles entrets. 203
Des morts qu'il truvet cumencet a plurer;
dist a Franceis: „Seignur, le pas tenez;
car mei meisme estoet avant aler,
pur mun nevud, que voldreie truver.
2860 Ad Ais esteie a la feste a noel,
si se vanterent mi vaillant chevaler
de grands batailles, de forts esturs pleners;
d'une raisun oï Roland parler:
ja ne morreit en estrange regnet,
2865 ne trespassast ses humes e ses pers,
vers lur païs avreit sun chief turnet,
cunquerrantment si finereit li ber."
Plus qu'un ne poet un bastuncel jeter,
devant les altres est en un pui muntets.

2870 Quand l'emperere vait querre sun nevud, 204
de tantes herbes el' pret truvat les flurs,
qui sunt vermeilles de l' sang de noz baruns;
pitiet en at, ne poet muer n'en plurt.
Desuz dous arbres parvenuts est amunt,
2875 les colps Roland conut en treis perruns,
sur l'herbe vert veit jesir sun nevud;
nen est merveille se Charles at irur.
Descent a pied, alets i est plein curs,
si prent le cunte entre ses mains amsdous,
2880 sur lui se pasmet, tant par est anguissus.

Li emperere de pasmeisuns revint. 205

Naimes li dux e li cuens Acelins,
Gefreids d'Anjou e sis freres Tierris
prenent le rei, si l' drecent suz un pin.
2885 Guardet a terre, veit sun nevud jesir.
Tant dulcement a regreter le prist:
„Amis Rolands, de tei ait Deus mercid!
Unques nuls hum tel chevaler ne vit
pur grands batailles juster e defenir.
2890 La meie honur est turnee en declin!"
Charles se pasmet, ne s'en pout astenir.

Charles li reis revint de pasmeisuns, 206
par mains le tienent quatre de ses baruns,
guardet a terre, veit jesir sun nevud:
2895 cors at gaillard, perdue at sa colur,
turnets ses oels, mult li sunt tenebrus.
Charles le plaint par feid e par amur:
„Amis Rolands, Deus metet t'anme en flurs
en pareis entre les glurius!
2900 Cum en Espaigne venis mare, seignur!
Jamais n'iert jurs de tei n'aie dolur.
Cum decharrat ma force e ma baldur!
Nen avrai ja qui sustienget m'honur!
suz ciel ne cuid aveir ami un sul,
2905 se j' ai parents, n'en i at nul si prud."
Trait ses crignels pleines ses mains amsdous.
Cent milie Franc en unt si grand dolur
n'en i at cel qui durement ne plurt.

„Amis Rolands, jo m'en irai en France; 207
2910 cum jo serai a Loun en ma chambre,
de plusurs regnes vendrunt li hume estrange,
demanderunt u est li cuens chataignes;
jo lur dirai qu'il est morts en Espaigne.
A grand dolur tendrai puis mun reialme,
2915 jamais n'iert jurs que ne plur ne n'en plaigne."

„Amis Rolands, prusdoem, juvente bele, 208
cum jo serai ad Ais en ma chapele,
vendrunt li hume, demanderunt noveles;

jo l's lur dirai   merveilluses e pesmes:
2920 Morts est mis nies,   qui tant me fist cunquerre!
Encuntre mei   rebelerunt li Saisne
e Hungre e Bugre   e tante gent averse,
Romain, Puillain   e tuit cil de Palerne,
e cil d'Afrique   e cil de Califerne;
2925 puis encrerrunt   mes peines e sufraites.
Qui guierat   mes hots a tel poeste,
quand cil est morts   qui tuts jurs nus chadelet?
E! France dulce,   cum remains hui deserte!
Si grand doel ai   que jo ne voldreie estre."
2930 Sa barbe blanche   cumencet a detraire,
ad ambes mains   les chevels de sa teste.
Cent milie Franc   s'en pasment cuntre terre.
    „Amis Rolands,   de tei ait Deus mercide! 209
L'anme de tei   en pareis seit mise!
2935 Qui tei at mort,   France at mis en exilie.
Si grand doel ai   que ne voldreie vivre,
de ma maisnee   qui pur mei est ocise.
I ço duinst Deus,   li fils sainte Marie,
ainz que jo vienge   as maistres ports de Sizer,
2940 l'anme de l' cors   me seit hui departie!
Entre les lur   fust aluee e mise,
e ma char fust   delez els enfoie."
Pluret des oels,   sa blanche barbe tiret.
E dist dux Naimes: „Or at Charles grand ire."
2045 „Sire emperere,"   ço dist Gefreids d'Anjou, 210
„ceste dolur   ne demenez tant fort;
par tut le champ   faites querre les noz,
que cil d'Espaigne   en la bataille unt morts,
en un charnel   cumandez qu' um les port."
2950 Ço dist li reis: „Sunez en vostre corn."
    Gefreids d'Anjou   at sun graisle sunet; 211
Franceis descendent,   Charles l'at cumandet.
Tuts lur amis   qu'il i unt morts truvet
a un charnier   sempres les unt portets.
2955 Asez i at   evesques e abets,

munies, chanunies,   proveires corunets,
si l's unt asols   e seigniets de part Deu;
mirre e timoine   i firent alumer,
gaillardement   tuts les unt encensets,
2960 a grand honur   puis les unt enterrets;
si l's unt laissiets   — qu'en fereient-il el?
  Li emperere   fait Roland cuștuir,   212
e Olivier,   l'arcevesque Turpin;
dedevant sei   les at fait tuts ovrir
2965 e tuts les coers   en palie recuillir,
en blancs sarcous   de marbre sunt enz mis;
e puis les cors   des baruns si unt pris,
en cuirs de cerf   les treis seignurs unt mis,
bien sunt lavet   de piment e de vin.
2970 Li reis cumandet   Tedbald e Gebuin,
Milun le cunte   e Otun le marchis:
„En treis charretes   les guiez a l'chemin!"
Bien sunt covert   d'un palie galazin.
  Venir s'en volt   li emperere Charles,   213
2975 quand de paiens   li surdent les au-guardes;
de cels devant   i vindrent dui message,
de l'amiraill   i nuncent la bataille:
„Reis orguillus,   nen est fins que t'en alges.
Veids Baligant   qui apres tei chevalchet,
2980 Grand sunt les host   qu'il ameinet d'Arabe;
encui verrums   se tu as vasselage."
Charles li reis   en at prise sa barbe,
si li remembret   de sun doel e damage,
mult fierement   tute sa gent reguardet,
2985 puis si s'escriet   a sa vuis grand e halte:
„Barun Franceis,   as chevals e as armes!"
  Li emperere   tut premerains s'adubet,   214
isnelement   at vestue sa brunie,
lacet sun helme,   si at ceinte Joiuse,
2990 qui pur soleill   sa clartet ne rescunset,
pent a sun col   un escut de Girunde,
tient sun espiet   qui fut faits a Blandune,

6

en Tencendur sun bon cheval puis muntet, —
il le cunquist es guets desuz Marsune,
2995 si 'n jetat mort Malpalin de Nerbune, —
laschet la resne, mult suvent l'esporunet,
fait sun eslais, veant cent milie hume.
Reclaimet Deu e l'apostle de Rume.
 Par tut le champ cil de France descendent, 215.
3000 plus de cent milie s'en adubent ensemble;
guarnements unt qui bien lur atalentent,
chevals curants e lur armes mult gentes;
puis sunt muntet, e unt grand escience.
S'il truvent host, bataille cuident rendre.
3005 Cil gunfanun sur les helmes lur pendent.
Quand Charles veit si beles cuntenances,
si 'n apelat Jozeran de Provence,
Naimun le duc, Antelme de Maience:
„En tels vassals deit-um aveir fiance,
3010 asez est fols qui entr'els se dementet.
Se Arabit de venir ne s' repentent,
la mort Roland lur cuid chierement vendre."
Respunt dux Naimes: „E Deus le nus cunsentet!"
 Charles apelet Rabel e Guineman; 216.
3015 ço dist li reis: „Seignur, jo vus cumand:
seiez es lius Olivier e Roland,
l'uns port l'espee e l'altres l'olifant,
si chevalchiez el' premier chief devant,
ensembl'od vus quinze milie de Francs,
3020 de bacheliers, de noz meillurs vaillants.
Apres icels en avrat altretant,
si l's guierat Gibuins e Lorains."
Naimes li dux e li cuens Jozerans
icets eschieles bien les vunt ajustant.
3025 S'il truvent host, bataille i iert mult grands.
 De Franceis sunt les premieres eschieles. 217.
Apres les dous establissent la tierce;
en cele sunt li vassal de Baiviere,
a vint miliers chevaliers la preisierent;

3030 ja devers els bataille n'iert laissiee;
suz ciel n'at gent que Charles ait plus chiere,
fors cels de France qui les regnes cunquierent.
Li cuens Ogiers li Daneis, li puigniere,
les guierat, car la cumpaigne est fiere.
3035 Or treis eschieles at l'emperere Charles. 218
Naimes li dux puis establist la quarte
de tels baruns qui sez unt vasselage;
Aleman sunt, si hume d'Alemaigne,
vint milie sunt, ço dient tuit li altre;
3040 bien sunt guarnit e de chevals e d'armes,
ja pur morir ne guerpirunt bataille.
Si l's guierat Hermans li dux de Trace,
ainz i morrat que cuardise i facet.
Naimes li dux e li cuens Jozerans 219
3045 la quinte eschiele unt faite de Normans,
vint milie sunt, ço dient tuit li Franc;
armes unt beles e bons chevals curants;
ja pur morir cil n'ierent recreant;
suz ciel n' at gent qui plus poissent en champ.
3050 Richards li viels les guierat el' champ,
il i ferrat de sun espiet trenchant.
La siste eschiele unt faite de Bretuns, 220
trente miliers chevaliers od els unt;
icil chevalchent en guise de baruns,
3055 dreites lur hanstes, fermets lur gunfanuns.
Li sire d'els est apelets Oeduns;
icil cumandet le cunte Nevelun,
Tedbald de Reims e le marchis Otun:
„Guiez ma gent, jo vus en fas le dun."
3060 Li emperere at sis eschieles faites. 221
Naimes li dux puis establist la sedme
de Peitevins e des baruns d'Alverne,
quarante milie chevalier poeent estre;
chevals unt bons e les armes mult beles.
3065 Cil sunt par els en un val suz un tertre;
si l's beneist Charles de sa main destre.

Els guierat Jozerans e Godselmes.
E l'uidme eschiele at Naimes establie, 222
de Flamengs est e des baruns de Frise,
3070 chevaliers unt plus de quarante milie;
ja devers els n'iert bataille guerpie.
Ço dist li reis: „Cist ferunt mun service."
Entre Rembald e Hamun de Galice
les guierunt tut par chevalerie.
3075 Entre Naimun e Jozeran le cunte 223
la noefme eschiele unt faite de prusdumes,
de Loherengs e de cels de Burguigne,
cinquante milie chevaliers unt par cunte;
helmes laciets e vestues lur brunies,
3080 espiets unt forts, e les hanstes sunt curtes;
se Arabit de venir ne demurent,
cist les ferunt, s'il a els s'abandunent.
Si l's guierat Tierris li dux d'Argune.
La disme eschiele est des baruns de France, 224
3085 cent milie sunt de noz meillurs chataignes;
cors unt gaillards e fieres cuntenances,
les chiefs flurits e les barbes unt blanches,
halsbercs vestuts e lur brunies dublaines,
ceintes espees franceises e d'Espaigne,
3090 escuts unt gents de multes conuissances.
Puis sunt muntet, la bataille demandent,
Munjoie escrient. Od els est Charlemagnes.
Gefreids d'Anjou portet la orie flambe;
saint Pierre fut, si aveit num Rumaine,
3095 mais de Munjoie iloec out pris eschange.
Li emperere de sun cheval descent, 225
sur l'herbe vert si s'est culchiets adents
turnet sun vis vers le soleill levant,
reclaimet Deu mult escordusement:
3100 „Veire paterne, hui cest jur me defend,
qui guaresis Jonas tut veirement
de la baleine qui sun cors aveit enz,
e espargnas le rei de Niniven,
e Daniel de l' merveillus torment

3105 enz en la fosse　　des leüns ų fut tems,
les treis enfants·　tųt en un foų ardant.
La tųe amųrs　　me seit hųi en present.
Par ta mercid,　　se tei plaist, me cųnsent
que mųn nevųd　　poisse vengier Roland."
3110 Cųm at oret,　　si s' drecet en estant,
seignat sųn chief　de la vertut poissant;
mųntet li reis　　en sųn cheval cųrant,
l'estreų li tindrent　Naimes e Jozerans,
prent sųn escut　　e sųn espiet trenchant;
3115 gent at le cors,　gaillard e bien seant,
cler le visage　　e de bon cųntenant.
Pųis si chevalchet　mųlt aficheement.
Sųnent cil graisle　e derere e devant,
sųr tųts les altres　bųndist li olifants.
3120 Plųrent Franceis　pųr pitiet de Roland.
　Mųlt gentement　l' emperere chevalchet, 226
desųr sa brųnie　fors at mise sa barbe;
pųr sųe amųr　altretel fųnt li altre,
cent milie Franc　en sųnt reconųissable.
3125 Passent cets pųis　e cets roches plus haltes,
cets vals parfųnds,　cets destreits angųissables,
issent des ports　e de la terre gųaste,
devers Espaigne　sųnt alet en la marche,
en mi un plain　ųnt prise lųr estage.
3130 A Baligant　repairent ses an-gųardes,
uns Sulians　li at dit sųn message:
„Veut avųms　le orgųillųs rei Charle:
fier sųnt si hųme,　n'ųnt talent qu'il li faillent.
Adųbez vųs:　sempres avrez bataille."
3135 Dist Baligants:　„Or oi grand vasselage.
Sųnez voz graisles,　que mi paien le sacent."
　Par tųte l'host　fųnt lųr tabųrs sųner 227
e cets bųisines　e cets graisles mųlt cler.
Paien descendent　pųr lųr cors adųber.
3140 Li amirals　ne se voelt demųrer,
vest une brųnie　dųnt li pan sųnt safret,

	lacet sun helme	qui a or est gemets,	
	puis ceint s'espee	a l' senestre costet, —	
	par sun orguill	li at un num truvet	
3145	par la Charlun	dunt il oït parler,	
3147	ço iert s'enseigne	en bataille champel,	
	ses chevalers	en at fait escrier; —	
	pent a sun col	un soen grand escut let,	
3150	d'or est la bucle	e de cristal listet,	
	la guige en est	d'un bon palie roet;	
	tient sun espiet,	si l' apelet Maltet,	
	la hanste fut	grosse cume uns tinels,	
	de sul le fer	fust uns mulets trossets.	
3155	En sun destrier	Baligants est muntets,	
	l'estreu li tint	Marcules d'ultre mer.	
	La forcheure	at asez grand li ber,	
	graisles les flancs	e larges les costets,	
	gros at le piz,	belement est molets,	
3160	lees espales,	e le vis at mult cler,	
	fier le visage,	le chief recercelet,	
	tant eret blancs	cume flurs en estet.	
	De vasselage	est suvent esprovets.	
	Deus! quel barun,	s' oust Chrestientet!	
3165	Le cheval brochet,	li sangs en ist tut clers,	
	fait sun eslais,	si tressalt un fosset,	
	cinquante pieds	i poet-um mesurer.	
	Paien escrient:	„Cist deit marches tenser.	
	N'i at Franceis,	se a lui vient juster,	
3170	voeillet o nun,	n'i perdet sun edet.	
	Charles est fols	que ne s'en est alets."	
	Li amirals	bien resemblet barun,	228
	blanche at la barbe	ensement cume flurs,	
	e de sa lei	mult par est saives hum,	
3175	e en bataille	est fiers e orguillus.	
	Mult est sis fils	Malpramis valurus,	
	grands est e forts,	e trait as anceissurs.	
	Dist a sun pere:	„Sire, car chevalchums!	
	Mult me merveill	se ja verrums Charlun."	

3180 Dist Baligants: „Oïl, car mult est pruds,
en plusurs gestes de lui sunt grand honur;
il nen at mie de Roland sun nevud,
n'avrat vertut que s' tienget cuntre nus."
„Fils Malpramis," ço li dist Baligants, 229
3185 „hier fut ocis li bons vassals Rolands
e Oliviers li pruds e li vaillants,
li duze per, que Charles amat tant,
de cels de France vint milie cumbatant.
Trestuts les altres ne pris jo mie un guant.
3190 Li emperere repairet veirement,
si l' m'at nunciet mis mes li Sulians,
que dis eschieles en a faites mult grands;
cil est mult pruds qui sunet l'olifant,
d'un graisle cler rachatet sis cumpaign,
3195 e si chevalchent el' premier chief devant,
ensembl'od els quinze milie de Francs,
de bacheliers que Charles claimet fants;
apres icels en i at altretant.
Cil i ferrunt mult orguillusement."
3200 Dist Malpramis: „Le colp vus en demand."
„Fils Malpramis," Baligants li at dit, 230
„jo vus otrei quantque m'avez ci quis;
cuntre Franceis sempres irez ferir,
si i merrez Torleu le rei persis
3205 e Dapamort un altre rei leutis.
Le grand orguill se ja poez matir,
jo vus durrai un pan de mun païs
dès Cheriant entresqu'en Val Marchis."
E cil respunt: „Sire, vostre mercid!"
3210 Passet avant, le dun en recuillit,
ç' est de la terre qui fut a l' rei Flurit.
A itel hure, — unques puis ne la vit,
ne il n'en fut ne vestuts ne saisits.
Li amirals chevalchet par cets hots, 231
3215 sis fils le siut, qui mult at grand le cors,
li reis Torleus e li reis Dapamorts;

      e trente eschieles   establissent mult tost,
      chevaliers unt   a merveillus esforts,
      en la menur   cinquante milie en out.
3220 La premiere est   de cels de Butentrot,
      e l'altre apres   de Micene as chiefs gros,
      sur les eschines   qu'il unt en mi les dos
      cil sunt seiet   ensement cume porc.
      E la tierce est   de Nubles e de Blos,
3225 e la quarte est   de Bruns e d'Esclavoz,
      e la quinte est   de Sorbres e de Sorz,
      e la siste est   d'Ermines e de Mors,
      e la sedme est   de cels de Jericho,
      l'uidme est de Nigres,   e la noefme de Gros,
3230 e la disme est   de Balide la fort,
      ç' est une gents   qui unques bien ne volt.
      Li amirals   en juret quantqu'il pot
      de Mahumet   les vertuts e le cors:
      „Charles de France   chevalchet cume fols:
3235 bataille i iert,   se il ne s'en destolt;
      jamais n'avrat   el' chief corune d'or.
      Dis grands eschieles   establissent apres: 232
      La premiere est   des Candius, des laids,
      de Val Fuit   sunt venut en travers;
3240 l'altre est de Turcs,   e la tierce de Pers,
      e la quarte est   de Pinceneis despers,
      e la quinte est   de Solteras avers,
      e la siste est   d'Ormaleis e d'Eugez,
      e la sedme est   de la gent Samuel,
3245 l'uidme est de Bruise,   la noefme de Clavers.
      e la disme est   d'Ociant le desert,
      ç' est une gents   qui damne Deu ne sert,
      de plus feluns   n'orrez parler jamais;
      durs unt les cuirs   ensement cume fers,
3250 pur ço n'unt suign   de helme ne d'halsberc;
      en la bataille   sunt felun e engres.
      Li amirals   dis eschieles ajustet: 233
      la premiere est   des jaiants de Malpruse,

l'altre est de Huns e la tierce de Hungres,
3255 e la quarte est de Baldise la lunge,
e la quinte est de cels de Val Penuse,
e la siste est de Joi e de Maruse,
e la sedme est de Leus e d'Astrimunies,
l'uidme est d'Argoilles, la noefme de Clarbune,
3260 e la disme est des barbets de Val Frunde,
ç' est une gents qui Deu nen amat unques.
Geste Francur trente eschieles i numbrent.
Grand sunt les host u cets buisines sunent.
Paien chevalchent en guise de prusdumes.
3265 Li amirals mult par est riches hum, 234
dedavant sei fait porter sun dragun
e l'estendard Tervagan e Mahum
e une imagene Apolin le felun.
Dis Candius chevalchent envirun,
3270 mult haltement escrient un sermun:
„Qui par noz Deus voelt aveir guarisun,
si l's prit e servet par grand aflictiun."
Paien i bassent lur chiefs e lur mentuns,
lur helmes clers i suzclinent embrunc.
3275 Dient Franceis: „Sempres morrez, glutun;
de vus seit hui male cunfusiun!
Li nostre Deus guarantisset Charlun!
Ceste bataille seit jugiee en sun num!
Li amirals est mult de grand saveir, 235
3280 a sei apelet sun fils e les dous reis:
„Seignur barun, devant chevalchereiz,
e mes eschieles tutes les guiereiz;
mais des meillurs voeill-jo retenir treis:
l'une iert de Turcs e l'altre d'Ormaleis,
3285 e la tierce est des jaiants de Malpreis.
Cil d'Ociant ierent ensembl'od mei,
si justerunt a Charle e a Franceis.
Li emperere, s' il se cumbat od mei,
desur le buc la teste perdre en deit,
3290 trestut seit fids n'i avrat altre dreit."

Grand sunt les host e les eschieles beles. 236
Entr'els nen at ne pui ne val ne tertre,
selve ne bois, ascunse n'i poet estre;
bien s'entre-veient en mi la pleine terre.
3295 Dist Baligants: „La meie gents averse,
car chevalchiez pur la bataille querre!"
L'enseigne portet Amboires d'Oloferne,
paien escrient, Preciuse l'apelent.
Dient Franceis: „De vus seit hui grands perte!"
3300 Mult haltement Munjoie renovelent.
Li emperere i fait suner ses graisles
e l'olifant qui trestuts les esclairet.
Dient paien: „La gents Charlun est bele.
Bataille avrums e aduree e pesme."
3305 Grands est la plaigne e large la cuntree. 237
Luisent cil helme as pierres d'or gemees
e cist escut e cets brunies safrees
e cist espiet, cets enseignes fermees.
Sunent cist graisle, les vuis en sunt mult cleres,
3310 de l'olifant haltes sunt les menees.
Li amirals en apelet sun frere, —
ç' est Canabeus li reis de Floredee,
cil tint la terre entresqu'en Val Sevree, —
les dis eschieles Charlun li at mustrees:
3315 „Veez l'orguill de France la loee.
Mult fierement chevalchet l'emperere,
il est darere od cele gent barbee;
desur lur brunies lur barbes unt jetees
altresi blanches cume neifs sur gelee.
3320 Cil i ferrunt de lances e d'espees:
bataille avrums e forte e aduree;
unques nuls hum ne vit tel ajustee."
Plus qu'um ne lancet une verge pelee,
Baligants at ses cumpaignes passees.
3325 Une raisun lur at dite e mustree:
„Venez, paien, car j' irai en l'estree."
De sun espiet la hanste en at branlee,

envers Charlun l'amure en at turnee.
　　Charles li magnes, cum il vit l'amiraill 238
3330 e le dragun, l'enseigne e l'estendard,
de cels d'Arabe si grand force i par at
de la cuntree unt purprises les parts,
ne mais que tant cum l'emperere en at, —
li reis de France s'en escriet mult halt:
3335 „Barun Franceis, vus estes bon vassal,
tantes batailles avez faites en champs,
veez paiens, felun sunt e cuard,
tute lur leis un denier ne lur valt.
S'il unt grand gent, d'iço, seignur, cui chalt!
3340 Qui errer voelt, a mei venir s'en alt."
Des esporuns puis brochet le cheval,
e Tencendur li at fait quatre salts.
Dient Franceis: „Icist reis est vassals.
Chevalchiez, ber, nuls de nus ne vus falt."
3345 　Clers fut li jurs e li soleils luisants, 239
les host sunt beles e les cumpaignes grand.
Justees sunt les eschieles devant.
Li cuens Rabels e li cuens Guinemans
laschent les resnes a lur chevals curants,
3350 brochent ad hait; dunc laissent curre Franc,
si vunt ferir de lur espiets trenchants.
　　Li cuens Rabels est chevaliers hardits, 240
le cheval brochet des esporuns d'or fin,
si vait ferir Torleu le rei persis;
3355 n'escuts ne brunie ne pont sun colp tenir,
l'espict a or li at enz el' cors mis,
que mort l'abat sur un boissun petit.
Dient Franceis: „Damnes Deus nus aït!
Charles at dreit, ne li devuns faillir."
3360 　E Guinemans justet a un leutice, 241
tute la targe li fraint qui est flurie,
apres li at la brunie descunfite,
tute l'enseigne li at enz el' cors mise,
que mort l'abat, qui qu'en plurt o qui 'n riet.

3365 A icest colp cil de France s'escrient:
„Ferez, barun, si ne vus targiez mie!
Charles at dreit vers la gent paienie,
Deus nus at mis a l' plus verai juice."
  Malpramis siet sur un cheval tut blanc, 242
3370 cunduit sun cors en la presse des Francs,
d'hures en altres grands colps i vait ferant,
l'un mort sur l'altre suvent vait tresturnant.
Tut premerains s'escriet Baligants:
„Li mien barun, nurrit vus ai lung tems.
3375 Veez mun fils, qui Charlun vait querant,
e a ses armes tants baruns chalunjant;
meillur vassal de lui ja ne demand.
Sucurez le a voz espiets trenchants!"
A icest mot paien vienent avant,
3380 durs colps i fierent, mult est li chaples grands.
La bataille est merveilluse e pesants,
ne fut si forts anzeis ne puis cel tems.
  Grand sunt les host e les cumpaignes fieres, 243
justees sunt trestutes les eschieles,
3385 e li paien merveillusement fierent.
Deus! tantes hanstes i at par mi brisiees,
escuts fruissiets e brunies desmailliees!
Là veissez la terre si junchiee,
3389 l'herbe de l' champ n'i est vert e dolgiee!
3391 Li amirals reclaimet sa maisniee:
„Ferez, barun, sur la gent Chrestiene!"
La bataille est mult dure e afichiee;
unc ainz ne puis ne fut si forts juistiee,
3395 jusqu'a la mort nen iert fins otriee.
  Li amirals la sue gent apelet: 244
„Ferez, paien, pur el venut n'i estes!
Jo vus durrai muillers gentes e beles,
si vus durrai fieuds e honurs e terres."
3400 Paien respundent: „Nus le devums bien faire."
A colps pleniers de lur espiets i perdent,
plus de cent milie espees i unt traites.

Ais vus le chaple e dolurus e pesme.
Bataille veit cil qui entr'els volt estre.
3405 Li emperere reclaimet ses Franceis: 245
„Seignur barun, jo vus aim, si vus crei;
tantes batailles avez faites pur mei,
regnes cunquis e desordenet reis!
Bien le conuis que gueredun vus dei
3410 e de mun cors, de terres e d'aveir.
Vengiez voz fils, voz freres e voz heirs!
En Rencesvals furent mort l'altre seir!
Ja savez vus cuntre paiens ai dreit."
Respundent Franc: „Sire, vus dites veir."
3415 Itels vint milie en at Charles od sei,
cumunement en prametent lur feid,
ne li faldrunt pur mort ne pur destreit.
N'en i at cel sa lance n'i empleit,
de lur espees i fierent demaneis.
3420 La bataille est de merveillus destreit.
E Malpramis par mi le champ chevalchet, 246
de cels de France i fait mult grand damage.
Naimes li dux fierement le reguardet,
vait le ferir cume hum vertudables,
3425 de sun escut li fraint la pene halte,
de sun halsberc les dous pans li desafret,
el' cors li met tute l'enseigne jalne,
que mort l'abat entre set cents des altres.
Reis Canabeus, freres a l' amiraill, 247
3430 des esporuns bien brochet sun cheval,
trait at l'espee, — li punds est de cristal, —
si fiert Naimun el' helme principal,
l'une meitiet l'en fruisset d'une part,
a l' brand d'acier l'en trenchet cinq des las,
3435 li chapeliers un denier ne li valt;
trenchet la cuife entresque a la char,
jus a la terre une piece en abat.
Grands fut li colps, li dux en estunat,
sempres chaist, se Deus ne li aidast;

3440 de sun destrier le col en embraçat.
   Se li paiens une feiz recuvrast,
   sempres fust morts li nobiles vassals.
   Charles de France i vient, qui l' sucurrat.
   Naimes li dux tant par est anguissables, 248
3445 e li paiens de ferir mult se hastet.
   Charles li dist: „Culverts, mar le baillastes!"
   Vait le ferir par sun grand vasselage,
   l'escut li fraint, cuntre le coer li quasset,
   de sun halsberc li desrumpt la ventaille,
3450 que mort l'abat; la sele en remaint guaste.
   Mult at grand doel Charlemagnes li reis, 249
   quand duc Naimun veit nafret devant sei,
   sur l'herbe vert le sang tut cler chaeir.
   Li emperere li at dit a cunseill:
3455 „Bels sire Naimes, car chevalchiez od mei!
   Morts est li glut qui destreit vus teneit,
   el' cors li mis mun espiet une feiz."
   Respunt li dux: „Sire, jo vus en crei.
   Se jo vif alques, mult grand prud i avreiz."
3460 Puis sunt justet par amur e par feid,
   ensembl'od els tel vint milie Franceis.
   N'i at celui n'i fierget o chapleit.
   Li amirals chevalchet par le champ, 250
   si vait ferir le cunte Guineman,
3465 cuntre le coer li fruisset l'escut blanc,
   de sun halsberc li derumpit les pans,
   les dous costets li deseivret des flancs,
   que mort l'abat de sun cheval curant.
   Puis at ocis Gebuin e Lorain,
3470 Richard le vieill, le seignur des Normans.
   Paien escrient: „Preciuse est vaillants!
   Ferez, barun, nus i avums guarant!"
   Qui puis veist les chevaliers d'Arabe, 251
   cels d'Ociant e d'Argoille e de Bascle!
3475 De lur espiets bien i fierent e chaplent;
   e li Franceis n'unt talent que s'en algent;

asez i moerent   e des uns e des altres.
Entresqu'al vespre   est mult forts la bataille,
de francs baruns   i at mult grand damage, -
3480 doel i avrat.   anzeis qu'ele departet.

Mult bien i fierent   Franceis e Arabit,   252.
fruissent cets hanstes   e cels espiets furbits.
Qui dunc veist   cets escuts si malmis,
cets blancs halsbercs   qui dunc oist fremir,
3485 e cets escuts   sur cets helmes cruissir,
cets chevaliers   qui dunc veist chair,
e humes braire,   cuntre terre morir,
de grand dolur   li poust suvenir.
Ceste bataille   est mult forts a sufrir.
3490 Li amirals   reclaimet Apolin
e Tervagan   e Mahum altresi:
„Mi damne Deu,   jo vus ai mult servit!
3493 Tutes imagenes   vus referai d'or fin!"
3495 As li devant   un soen drut, Gemalfin,
males noveles   li aportet e dit:
„Baligants, sire,   mal estes hui baillits,
perdut avez   Malpramis vostre fils,
e vostre freres   Canabeus est ocis.
3500 A dous Franceis   belement en avint;
li emperere   en est l'uns,- ço m'est vis,
grand at le cors,   bien resemblet marchis,
blanche at la barbe   cume flurs en avrill."
Li amirals   en at le helme enclin,
3505 e enapres   si 'n embrunchet sun vis,
si grand doel at   sempres cuiat morir;
si 'n apelat   Jangleu l'ultre-marin.

Dist l'amirals: „Jangleu, venez avant!   253
Vus estes pruds,   vostre saveir est grands,
3510 vostre cunseill   ai otriet tuts tems.
Que vus en semblet   d'Arabits e de Francs,
se nus avrums   la victurie de l' champ?"
E cil respunt: „Morts estes, Baligants!
Ja vostre Deu   ne vus ierent guarant.

3515 Charles est fiers, e si hume vaillant,
unc ne vi gent qui si fust cumbatants.
Mais reclamez les baruns d'Ociant,
Turcs e Enfruns, Arabits e Jaiants.
Ço qu' estre en deit ne l' alez demurant."
3520 Li amirals at sa barbe fors mise 254
altresi blanche cume flurs en espine;
cument qu'il seit, ne s'i voelt celer mie,
met a sa buche une clere buisine,
sunet la cler, que si paien l'oirent.
3525 Par tut le champ ses cumpaignes ralient.
Cil d'Ociant i braient e henissent,
e cil d'Argoille si cum chien i glatissent.
Requierent Francs par si grand estultie,
el' plus espes les rumpent e partissent,
3530 a icest colp en jetent morts set milie.
Li cuens Ogiers cuardise n'out unques, 255
mieldre vassals de lui ne vestit brunie.
Quand de Franceis les eschieles vit rumpre,
si apelat Tierri le duc d'Argune,
3535 Gefreid d'Anjou e Jozeran le cunte,
mult fierement Charlun en araisunet:
„Veez paiens, cum ocient voz humes!
Ja Deu ne placet qu'el' chief portez corune,
s'or n'i ferez pur vengier vostre hunte!"
3540 N'i at icel qui un sul mot respundet;
brochent ad hait, lur chevals laissent curre,
vunt les ferir là u il les encuntrent.
Mult bien i fiert Charlemagnes li reis, 256
Naimes li dux e Ogiers li Daneis,
3545 Gefreids d'Anjou, qui l'enseigne teneit.
Mult par est pruds dams Ogiers li Daneis;
puint le cheval, laisset curre a espleit,
si vait ferir cel qui l' dragun teneit,
qu'ambur el' pret craventet devant sei
3550 e le dragun e l'enseigne le rei.
Baligants veit sun gunfanun chadeir

e l'estendard   Mahumet remaneir;
li amirals   alques s'en aperceit
que il at tort   e Charlemagnes dreit.
3555 Paien d'Arabe   se cuntienent plus queit.
Li emperere   reclaimet ses Franceis:
„Dites, barun,   pur Deu, se m'aidereiz!"
Respundent Franc: „Mar le demandereiz;
trestut seit fel   qui n'i fiert a espleit!"
3560 Passet li jurs,   turnet a la vespree.
Franc e paien   i fierent des espees.
Cil sunt vassal   qui les hots ajusterent,
mais lur enseignes   n'i unt mie obliees,
li amirals   Preciuse at crice,
3565 Charles Munjoie   l'enseigne renumee.
L'uns conuist l'altre   as haltes vuis e cleres;
en mi le champ   amdui s'entr'encuntrerent,
si s' vunt ferir,   grands colps s'entre-dunerent
de lur espiets   en lur targes roees,
3570 fraites les unt   desuz cets bucles lees,
de lur halsbercs   les pans en desevrerent,
dedenz cets cors   mie ne s'adeiserent;
rumpent cets cengles,   e cets seles verserent,
chieent li rei,   a terre se truverent,
3575 isnelement   sur lur pieds releverent,
mult vassalment   unt traites les espees.
Ceste bataille   nen iert mais desturnee,
seins hume mort   ne poet estre achevee.

Mult est vassals   Charles de France dulce,
3580 li amirals   il ne l' crient ne ne dutet.
Cets lur espees   tutes nues i mustrent,
sur cets escuts   mult grands colps s'entre-dunent,
trenchent les cuirs   e cets futs qui sunt dubles,
chieent li clou,   se peceient les bucles;
3585 puis fierent-il   nud a nud sur lur brunies,
des helmes clers   li fous en escarbunet.
Ceste bataille   ne poet remaneir unques,
jusque li uns   sun tort i reconuisset.

7

   Dist l'amirals: „Charles, car te purpense, 259
3590 si prend cunseill que vers mei te repentes!
Mort as mun fils par le mien escientre,
a mult grand tort mun païs me chalanges;
devien mis hoem, en fieud le te voeill rendre,
vien mei servir d'ici qu'en Oriente!"
3595 Charles respunt: „Mult grand viltet me semblet;
pais ne amur ne dei a paien rendre.
Receif la lei que Deus nus apresentet,
Chrestientet, e puis t' amerai sempres;
puis serf e crei le rei omnipotente!"
3600 Dist Baligants: „Malvais sermun cumences."
Puis vunt ferir des espees qui trenchent.
  Li amirals est mult de grand vertut, 260
fiert Charlemagne sur l'helme d'acier brun,
desur la teste li at frait e fendut,
3605 met li l'espee sur les chevels menuts,
prent de la char grand pleine palme e plus,
iloec endreit remaint li os tut nuds
Charles chancelet, pur poi qu'il n'est chauts,
mais Deus ne volt qu'il seit morts ne vencuts;
3610 saints Gabriels est repairets a lui,
si li demandet: „Reis magnes, que fais tu?"
  Charles oït la sainte vuis de l' angele, 261
nen at pour ne de morir dutance,
repairet lui vigur e remembrance.
3615 Fiert l'amiraill de l'espee de France,
l'helme li fraint, u les gemes reflambent,
trenchet la teste pur la cervele espandre,
e tut le vis tresqu'en la barbe blanche,
que mort l'abat seins nule recuvrance;
3620 Munjoie escriet pur la reconuissance.
A icest mot venuts i est dux Naimes,
prent Tencendur, muntet i li reis magnes.
Paien s'en turnent, ne volt Deus qu'il remaignent.
Or unt Franceis iço que il demandent.
3625 Paien s'en fuient, cum damnes Deus le voelt, 262

enchalcent Franc e l'emperere avoec.
Ço dist li reis: „Seignur, vengiez voz doels,
si esclargiez voz talents e voz coers!
Car hui matin vus vi plurer des oels."
3630 Respundent Franc: „Sire, ço nus estoet."
Chascuns i fiert tants grands colps cum il poet,
poi s'en estoercent d'icels qui sunt iloec.

Grands est li chals, si se levet la puldre. 263
Paien s'en fuient, e Franceis les anguissent;
3635 li enchals duret d'ici qu'en Saragusse.
En sum sa tur muntee est Bramimunde;
ensembl'od lui si clerc e si chanunie
de false lei, que Deus nen amat unques;
ordres nen unt ne en lur chiefs corunes.
3640 Quand ele vit Arabits si cunfundre,
a vuis s'escriet: „Aiuez nus, Mahumes!
E! gentils reis, ja sunt vencut nos hume,
li amirals ocis a si grand hunte!"
Quand l'ot Marsilies, vers la pareit se turnet,
3645 pluret des oels, tute sa chere embrunchet,
morts est de doel. Si cum pechiets l'encumbret,
l'anme de lui as vifs diables dunet.

Paien sunt mort, alquant turnet en fuie, 264
e Charles at sa bataille vencue.
3650 De Saragusse at la porte abatue,
or sait-il bien que n'est mais defendue;
prent la citet, sa gents i est venue.
Par poestet icele nuit i jurent.
Fiers est li reis a la barbe chanue,
3655 e Bramimunde les turs li at rendues;
les dis sunt grand, les cinquante menues.
Mult bien espleitet qui damnes Deus aiuet!

Passet li jurs, la nuits est aserie, 265
clere est la lune, les esteiles flambient.
3660 Li emperere at Saragusse prise.
A mil Franceis fait bien cerchier la vile,
les sinagoges e les Mahumeries;

7*

a mails de fer e cuignees qu'il tindrent,
fruissent imagenes e trestutes les idles;
3665 n'i remaindrat ne sorts ne falserie.
Li reis creit Deu, faire voelt sun service,
e si evesque les eves beneissent,
meinent paiens entresqu'al baptistirie.
S'or i at cel qui Charle cuntrediet,
3670 il le fait pendre o ardeir o ocire.
Baptizet sunt asez plus de cent milie
veir Chrestien, ne mais sul la reine;
en France dulce iert menee chaitive:
ço voelt li reis par amur cunvertisset.
3675 Passet la nuits, si apert li clers jurs. 266
De Saragusse Charles guarnit les turs,
mil chevalers i laissat puigneurs;
guardent la vile a oes l'empereur.
Muntet li reis e si hume trestut,
3680 e Bramimunde, qu'il meinet en prisun,
mais n'at talent li facet se bien nun.
Repairiet sunt a joie e a baldur,
passent Nerbune par force e par vigur.
Vient a Burdele la citet de valur,
3685 desur l'alter saint Sevrin le barun
met l'olifant plein d'or e de manguns;
li pelerin le veient qui là vunt.
Passet Girunde a mult grands nefs qu'i sunt,
entresqu' a Blaive at cunduit sun nevud
3690 e Olivier sun noble cumpaignun
e l'arcevesque qui fut sages e pruds;
en blancs sarcous fait metre les seigneurs
a Saint-Romain, là jisent li barun.
Franc les cumandent a Deu e a ses nuns.
3695 Charles chevalchet e les vals e les munts,
entresqu'ad Ais ne volt prendre sujurn;
tant chevalchat qu'il descent a l' perrun.
Cume il est enz en sun palais haltsur,
par ses messages mandet ses jugeurs,

3700 Baiviers e Saisnes, Loherencs e Frisuns,
Alemans mandet, si mandet Burguignuns
e Peitevins e Normans e Bretuns,
de cels de France les plus saives qu'i sunt.
Dès or cumencet li plaits de Guenelun.
3705 Li emperere est repairiets d'Espaigne 267
e vient ad Ais a l' meillur sied de France,
el' palais muntet, est venuts en la sale.
As li venue Alde, la bele dame;
ço dist a l' rei: „U est li cuens chatanies,
3710 qui me jurat cume sa per a prendre?"
Charles en at e dolur e pesance,
pluret des oels, tiret sa barbe blanche:
„Soer, chere amie, d' hume mort me demandes.
Jo t'en durrai mult esforcet eschange,
3715 ç' est Loevis; miels jo ne sai qu'en parle:
il est mis fils e si tendrat mes marches."
Alde respunt: „Cist mots mei est estranges.
Ne placet Deu ne ses saints ne ses angeles,
apres Roland que jo vive remaigne!"
3720 Pert la colur, chiet as pieds Charlemagne,
sempres est morte. Deus ait mercid de l' anme!
Franceis baruns plurent e si la plaignent.
Alde la bele est a sa fin alee. 268
cuidet li reis qu'ele se seit pasmee,
3725 pitiet en at, si 'n pluret l'emperere,
prent la as mains, si l' en at relevee,
sur les espales at la teste clinee.
Quand Charles veit que mort ele at truvee,
quatre cuntesses sempres i at mandees;
3730 a un mustier de nunains est portee,
la nuit la guaitent entresqu'a l'ajurnee,
lung un alter belement l'enterrerent;
mult grand honur i at li reis dunee.
Li emperere est repairiets ad Ais. 269
3735 Guenes li fel en chaeines de fer
en la citet est devant le palais;

       a une estache   l'unt atachiet cil serf,
       les mains li lient   a curreies de cerf,
       tres bien le batent   a futs e a jamels;
3740 n'at deservit   que altre bien i ait;
       a grand dolur   iloec atent sun plait.
          Il est escrit   en l'anciene geste   270
       que Charles mandet   humes de plusurs terres.
       Asemblet sunt   ad Ais a la chapele.
3745 Halts est li jurs,   mult par est grands la feste,
       dient alquant   de l' barun saint Silvestre.
       Dès or cumencet   li plaits e les noveles
       de Guenelun,   qui traisun at faite.
       Li emperere   devant sei l'at fait traire.
3750 „Seignur barun,"   ço dist Charles li reis,   271
       „de Guenelun   car me jugiez le dreit!
       Il fut en l'host   tresqu' en Espaigne od mei,
       si me tolit   vint mil de mes Franceis,
       e mun nevud,   que jamais ne verreiz,
3755 e Olivier,   le prud e le corteis;
       les duze pers   at traït pur aveir."
       Dist Gueneluns: „Fel seie, se jo l' ceil!
       Rolands forsfist   en or e en aveir,
       pur quei jo quis   sa mort e sun destreit;
3760 mais traisun   nule n'en i otrei."
       Respundent Franc: „Ore en tendrums cunseill."
          Devant le rei   là s'estut Gueneluns;   272
       cors at gaillard,   el' vis gente colur;
       s'il fust leials,   bien resemblast barun.
3765 Veit cels de France   e tuts les jugeurs,
       de ses parents   trente qui od lui sunt,
       puis s'escriat   haltement a grand vuis:
       „Pur amur Deu,   car m'entendez, barun!
       Jo fui en l'host   avoec l'empereur,
3770 serveie le   par feid e par amur.
       Rolands sis nies   me cuillit en haur,
       si me jugat   a mort e a dolur.
       Messages fui   a l' rei Marsiliun

par mun saveir vinc-jo a guarisun.
3775 Jo desfiai Roland le puigneur
e Olivier e tuts lur cumpaignuns;
Charles l'oït e si noble barun.
Vengiets m'en sui, mais n'i at traisun."
Respundent Franc: „A cunseill en iruns."
3780 Quand Guenes veit que sis grands plaits cumencet, 273
de ses parents ensemble i out trente.
Un en i at a qui li altre entendent,
ç' est Pinabels de l' chastel de Sorence,
bien sait parler e dreite raisun rendre,
3785 vassals est bons pur ses armes defendre.
Ço li dist Guenes: „En vus ai ma fiance.
Jetez mei hui de mort e de chalange."
Dist Pinabels: „Vus serez guarits sempres.
N'i at Franceis qui vus juget a pendre,
3790 u l'emperere noz dous cors en asemblet,
a l' brand d'acier que jo ne l' en desmente."
Guenes li cuens a ses pieds se presentet.
Baivier e Saisne sunt alet a cunseill, 274
e Peitevin e Norman e Franceis;
3795 asez i at Alemans e Tiedeis.
Icil d'Alverne i sunt li plus corteis,
pur Pinabel se cuntienent plus queit.
Dist l'uns a l' altre: „Bien fait a remaneir.
Laissums le plait, e si preiums le rei
3800 que Guenelun claimt quite ceste feiz,
puis si li servet par amur e par feid.
Morts est Rolands, jamais ne l' reverreiz,
n'iert recuvrets pur or ne pur aveir.
Mult sereit fols qui là se cumbatreit."
3805 N'en i at cel ne l' graant e otreit,
fors sul Tierri, le frere dam Gefreid.
A Charlemagne repairent si barun, 275
dient a l' rei: „Sire, nus vus priums
que clamez quite le cunte Guenelun,
3810 puis si vus servet par feid e par amur;

vivre l' laissiez, car mult est gentils hum.
Morts est Rolands, nen iert veuts gerun,
ne pur aveir ja ne l' recuverums."
Ço dist li reis: „Vus estes mi-felun!"
3815 Quand Charles veit que tuit li sunt faillit, 276
mult l'embruncit e la chere e le vis,
a l' doel qu'il at si se claimet chaitif.
Ais li devant uns chevaliers Tierris,
freres Gefrei, a un duc angevin;
3820 heingre out le cors e graisle e eschevit,
neirs les chevels e alques esburrits;
n'est gueres grands ne trop nen est petits;
corteisement l'empereur at dit:
„Bels sire reis, ne vus dementez si!
3825 Ja savez vus que mult vus ai servit;
par anceissurs dei jo tel plait tenir.
Queque Rolands a Guene forsfesist,
vostre services l'en doust bien guarir.
Guenes est fel d'iço qu'il le traït,
3830 vers vus s'en est parjurets e malmis:
pur ço le juge a pendre e a morir
e sun cors metre el' champ pur les mastins,
cume felun qui felunie fist.
S' or at parent qui m' voeillet desmentir,
3835 a ceste espee que jo ai ceinte ici
mun jugement voeill sempres guarantir."
Respundent Franc: „Or avez-vus bien dit."
Devant le rei est venuts Pinabels. 277
Grands est e forts e vassals e isnels,
3840 qu'il fiert a colp, de sun tems n'i at mais;
e dist al rei: „Sire, vostre est li plaits;
car cumandez que tel noise n'i ait.
Ci vei Tierri qui jugement at fait;
jo si li fals, od lui m'en cumbatrai."
3845 Met li el' puign de cerf le destre guant. 278
Dist l'emperere: „Bons pleges en demand."
E li plevissent leial trente parent.

Ço dist li reis: „Jo vus recrei itant."
Fait cels guarder, tresque dreits serat en.
3850 Quand veit Tierris qu'ore en iert la bataille, 279
sun destre guant en at presentet Charle.
Li emperere i recreit par ostage;
puis fait porter quatre bancs en la place,
là vunt sedeir cil qui s' deivent cumbatre.
3855 Bien sunt malet par jugement des altres,
si l' purparlat Ogier de Danemarche;
e puis demandent lur chevals e lur armes.
Puisque il sunt a bataille juistiet, 280
bien sunt cunfes e asols e seigniet,
3860 oent lur messes e sunt acumuniet,
mult grands ofrendes metent pur cets mustiers.
Devant Charlun amdui sunt repairiet,
lur esporuns unt en lur pieds chalciets,
vestent halsbercs blancs e forts e legiers,
3865 lur helmes clers unt fermets en lur chiefs,
ceinent espees enheldees d'or mier,
en lur cols pendent lur escuts de quartiers,
en lur puins destres unt lur trenchants espiets,
puis sunt muntet en lur curants destriers.
3870 Idunc plurerent cent milie chevalier,
qui pur Roland de Tierri unt pitiet.
Deus sait asez cument la fins en iert.
Dedesuz Ais est la pree mult large. 281
Des dous baruns justee est la bataille;
3875 cil sunt prudume e de grand vasselage,
e lur cheval sunt curant e aate;
brochent les bien, tutes les resnes laschent,
par grand vertut vait ferir li uns l' altre,
tuts lur escuts i fruissent e esquassent,
3880 lur halsbercs rumpent e lur cengles departent;
les alves turnent, les seles acraventent.
Cent milie hume i plurent qui l's esguardent.
A terre sunt amdui li chevalier, 282
isnelement se drecent sur lur pieds.

3885 Pinabels est forts, isnels e legiers.
L' uns requiert l'altre, n' unt mie des destriers.
de cets espees enheldees d'or mier
fierent e chaplent sur cets helmes d'acier,
grand sunt li colp as helmes detrenchier.
3890 Mult se dementent cil franceis chevalier.
„E Deus!" dist Charles, „le dreit en esclargiez!"
Dist Pinabels: „Tierris, car te recrei: 283
tis hoem serai par amur e par feid,
a tun plaisir te durrai mun aveir;
3895 mais Guenelun fai acorder a l' rei."
Respunt Tierris: „Ja n'en tendrai cunseill.
Tut seie fel, se jo mie l'otrei!
Deus facet hui entre nus dous le dreit!"
Ço dist Tierris: „Pinabels, mult ies ber, 284
3900 grands ies e forts e tis cors bien molets,
de vasselage te conuissent ti per:
ceste bataille car laisse la ester!
A Charlemagne te ferai acorder;
de Guenelun justice iert faite tels
3905 jamais n'iert jurs que il n'en seit parlets."
Dist Pinabels: „Ne placet damne Deu!
Sustenir voeill trestut mun parentet,
n'en recrerrai pur nul hume mortel,
miels voeill morir qu' il me seit reprovet."
3910 De lur espees cumencent a chapler
desur cets helmes qui sunt a or gemet,
cuntre le ciel volet li fous tuts clers;
il ne poet estre qu'il scient desevret,
seins hume mort ne poet estre afinets.
3915 Mult par est pruds Pinabels de Sorence, 285
si fiert Tierri sur l'helme de Provence,
salt en li fous, que l'herbe en fait esprendre;
del brand d'acier l'amure li presentet,
desur le frunt l'helme li en detrenchet,
3920 en mi le vis li at faite descendre,
la destre joe en at tute sanglente,

l'halsberc desclot   jusque par sum le ventre;
Deus le guarit   que mort ne l' acraventet.
    Ço veit Tierris   que el' vis est feruts; 286
3925 li sangs tuts clers   en chiet el' pret herbut,
fiert Pinabel   sur l'helme d'acier brun,
jusqu'a l' nasel   l' at e frait e fendut,
del chief li at   le cervel espandut,
brandit sun colp,   si l' at mort abatut.
3930 A icest colp   est li esturs vencuts.
Escrient Franc: „Deus i at fait vertut.
Asez est dreits   que Guenes seit penduts
E si parent   qui plaidiet unt pur lui."
    Quand Tierris at   vencue sa bataille, 287
3935 venuts i est   li emperere Charles,
ensembl'od lui   de ses baruns quarante,
Naimes li dux,   Ogiers de Danemarche,
Gefreids d'Anjou   e Guillelmes de Blaive.
Li reis at pris   Tierri entre sa brace,
3940 tert lui le vis   od ses grands pels de martre,
celes met jus,   puis li afublent altres;
mult suavet   le chevalier desarment,
munter l'unt fait   en une mule arabe.
Repairet s'en   a joie e a barnage.
3945 Vienent ad Ais,   descendent en la place.
Dès or cumencet   l'ocisiun des altres.
    Charles apelet   ses cuntes e ses ducs: 288
„Que me loez   de cels qu'ai retenuts?
Pur Guenelun   erent a plait venut,
3950 pur Pinabel   en ostage rendut."
Respundent Franc: „Ja mar en vivrat uns."
Li reis cumandet   un soen veier Basbrun:
„Va, si l's pend tuts   a l' arbre de mal fust!
Par ceste barbe,   dunt li peil sunt chanut,
3955 s' uns en eschapet,   morts ies e cunfunduts!"
Cil li respunt: „Qu'en fereie-jo plus?"
Od cent serjants   par force les cunduit;

trente en i at d'icels qui sunt pendut.
Qui traist hume, sei ocit e altrui.
3960 Puis sunt turnet Baivier e Aleman
e Peitevin e Bretun e Norman.
Sur tuts les altres l'unt otriet li Franc
que Guenes moerget par merveillus ahan.
Quatre destriers funt amener avant,
3965 puis si li lient e les pieds e les mains;
li cheval sunt orguillus e curant,
quatre serjant les acueillent devant
devers une eve qui est en mi un champ.
Turnets est Guenes a perditiun grand;
3970 trestuit si nerf mult li sunt estendant,
e tuit li membre de sun cors derumpant;
sur l'herbe vert en espant le cler sang.
Guenes est morts cume fel recreants.
Qui traist altre, nen est dreits qu'il s'en vant.
3975 Quand l'emperere at faite sa venjance,
si 'n apelat les evesques de France,
cels de Baiviere e icels d'Alemaigne:
„En ma maisun i at chaitive franche,
tant at oït e sermuns e essemples,
3980 creire voelt Deu, Chrestientet demandet.
Baptizez la, pur quei Deus en ait l'anme."
Cil li respundent: „Or seit fait par marraines,
asez creues e enlinees dames."
As bains ad Ais mult sunt grand les cumpaignes;
3985 là baptizerent la reine d'Espaigne,
truvet li unt le num de Juliane.
Chresticne est par veire conuissance.
Quand l'emperere at faite sa justice,
e esclargiee est la sue grands ire,
3990 en Bramimunde at Chrestientet mise.
Passet li jurs, la nuits est aserie,
culchet sei l' reis en sa chambre voltice.
Saints Gabriels de part Deu li vint dire:
„Charles, sumun les hots de tun empire,

3995 par force iras en la terre de Bire,
rei Vivien si sucurras en Imphe,
a la citet que paien unt asise.
Li Chrestien te reclaiment e crient."
Li emperere n'i volsist aler mie:
4000 „Deus!" dist li reis, „si penuse est ma vie!"
Pluret des oels, sa barbe blanche tiret. —
Ci falt la geste, que Turoldus declinet.

V. 42 *lisez* muilliers. 79 ireiz, *de même* 80, 88, 508, 564, 568. 572 -eiz *au lieu de* -eis. 180 *et* 2945 *corrigez le numéro.* 228 Cunseils. 232 entendut. 241 u. 271 *et* 327 maltalent. 324 *et partout* cumpaign *au lieu de* cumpain. 479 palefreid. 603 mais *au lieu de* el. 607 reliques. 647 espale. 868 *et* 1616 Mahumets. 921 *et* 1906 Mahums. 1137 beneïst. 1187 ajustets. 1207 Ultre. 1220 ist. 1523 traisum. 1549 orguils. 1966 sez. 2010 *et* 2232 morts. 2059 cinq. 2062, 2065, 2129 envaïr. 2450 soleill. 3486 chaïr.

Druck von E. Karras in Halle.

In demselben Verlage erschien:

Trautmann, Dr. M., Die bildung der tempora und modi in der Chanson de Roland. 8. 1871. 10 Sgr.

Demnächst erscheint:

Darlegung der Grundsätze der Boehmer'schen Textrecension des altfranzösischen Rolandsliedes.

www.ingramcontent.com/pod-product-compliance
Lightning Source LLC
Chambersburg PA
CBHW060209100426
42744CB00007B/1224